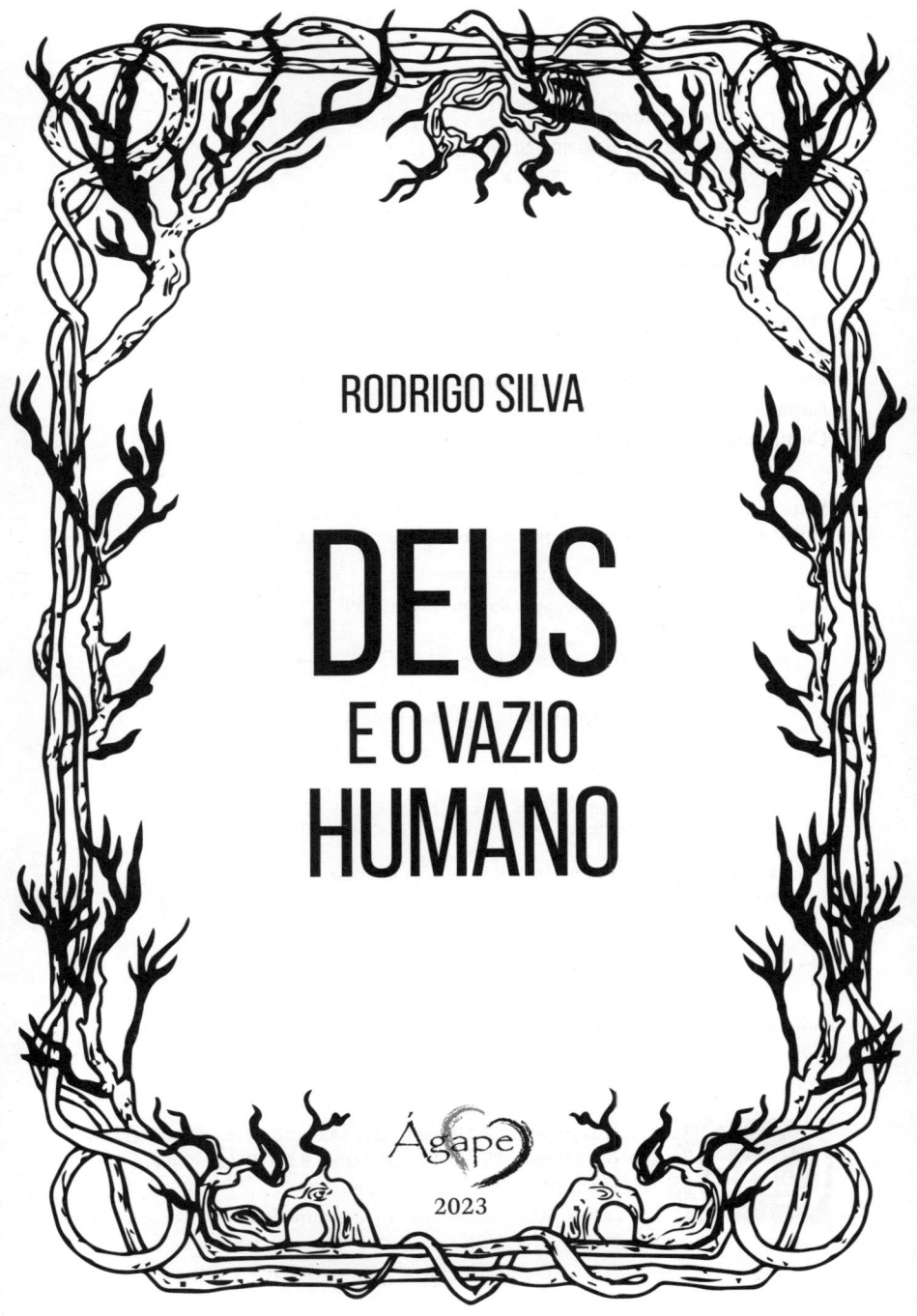

Deus e o vazio humano
Copyright © 2023 by Rodrigo Silva
Copyright © 2023 by Novo Século Editora Ltda.

Editor: Luiz Vasconcelos
Gerente editorial: Letícia Teófilo
Organização de conteúdo: Milena Santos
Revisão: Alessandro Thomé
Projeto gráfico e diagramação: Dimitry Uziel
Capa: Marcela Louis
Composição de capa: Lucas Luan Durães

Texto de acordo com as normas do Novo Acordo Ortográfico da Língua Portuguesa (1990), em vigor desde 1º de janeiro de 2009.

Dados Internacionais de Catalogação na Publicação (CIP)
Angélica Ilacqua CRB-8/7057

Silva, Rodrigo
    Deus e o vazio humano / Rodrigo Silva. -- Barueri, SP: Ágape, 2023.
    176 p. : il.

Bibliografia
ISBN 978-65-5724-086-1

1. Autoajuda 2. Deus (cristianismo) 3. Espiritualidade 4. Comportamento humano I. Título

23-1164   CDD 158.1

Índice para catálogo sistemático:
1. Autoajuda

Alameda Araguaia, 2190 – Bloco A – 11º andar – Conjunto 1111
CEP 06455-000 – Alphaville Industrial, Barueri – SP – Brasil
Tel.: (11) 3699-7107 | Fax: (11) 3699-7323
www.gruponovoseculo.com.br | atendimento@novoseculo.com.br

Mas Deus no-las revelou pelo seu
Espírito; porque o Espírito penetra todas
as coisas, ainda as profundezas de Deus.
(1 Coríntios 2:6-10)

SUMÁRIO

Introdução **9**

A figura paterna de Deus **15**

Como conhecer a Deus intimamente? **21**

Não poder conhecer a Deus *versus* Dever conhecer a Deus **29**

Quem é o Espírito Santo? **41**

Quem é Jesus? **53**

Um pouco mais sobre Jesus... **61**

Filhos por adoção **81**

Interpretações humanas sobre Deus **89**

O vazio da alma **103**

Ele preenche o meu vazio, e agora? **135**

Por que eu existo? **167**

INTRODUÇÃO

INTRODUÇÃO

Qual o sentido da vida? O que Deus tem a ver com ele? Quem é Deus? Por que Ele é chamado de pai por tantas pessoas? São alguns dos questionamentos feitos por uma pessoa durante a sua existência, e provavelmente você já deve ter se contemplado em um ou mais deles. A busca pelas respostas, entretanto, nem sempre é tranquila. Arrisco afirmar que está longe de ser um caminho linear, sem pesquisa, com pouca dedicação e com uma trave nos olhos. E é exatamente para lhe auxiliar nessa busca que escrevo estas palavras. Com argumentos fundamentados, mas simples, você compreenderá quem é Deus, o Seu papel como Pai, como conhecê-Lo intimamente, as Suas formas de Se revelar ao Homem, bem como o vazio que Ele pode preencher.

Antes de contemplar as indagações existenciais, entretanto, é preciso refletir sobre a possibilidade de o Deus da Bíblia ter sido criado pelo ser humano. Seria possível que um Homem, deitado embaixo de uma árvore, após um dia de trabalho com a terra ou em um dia de descanso, tenha pensado em criar a história de um Deus que está em todos os lugares, que sabe de tudo, que tem todo o poder, que é o dono da ciência e da sabedoria e que criou o universo e tudo o que nele há? Mais ainda, seria possível que a história fosse tão convincente a ponto de ter sido perpetuada ao longo de milênios e ainda ser acrescentada com tanta plausibilidade e verossimilhança de modo que todos os livros da Bíblia apontem para Jesus?

Um antigo pensador grego, conhecido como Xenófanes[1], provavelmente acreditava que sim, pois, criticando as ideias religiosas de sua época, disse:

---

1. Apud Gaarder, *O mundo de Sofia*. GAARDER, Jostein. **O mundo de Sofia**. 1. ed. São Paulo: Seguinte, 2012.

> Os etíopes imaginam os seus deuses negros e com o nariz chato, os trácios, por sua vez, imaginam-os ruivos e de olhos azuis. Se as vacas, os cavalos ou os leões tivessem mãos e pudessem pintar e criar obras como os homens, os cavalos pintariam os seus ídolos semelhantes a cavalos, as vacas semelhantes a vacas e criariam as figuras iguais a si.

Não é preciso ir longe para perceber que as alegações do pensador têm relevância quando analisadas perante a quantidade de deuses e santos que são adorados em nosso país. Ao longo da história, diversas divindades foram fabricadas, todavia, o Deus da Bíblia é muito grande para ser simplesmente um produto de uma mente humana. Não se trata de uma afirmação apenas pessoal, visto que o famoso Jean Jacques Rousseau, ao pensar sobre a possibilidade dos conteúdos da Bíblia serem fruto da genialidade humana, disse: "O Evangelho tem marcas de verdade tão grandes, tão impressionantes, tão perfeitamente inimitáveis que o seu inventor seria mais espantoso do que o herói"[2]. E a humanidade não conhece um ser de sua espécie que seja igual ou maior em magnificência que o Criador.

Se Deus não é fruto de uma mente humana, então quem é Deus?

---

2. ROUSSEAU, Jean-Jacques. Profissão de fé do vigário saboiano. [1762]. In: ROUSSEAU, Jean-Jacques. **Emílio ou da educação.** Tradução: Roberto Leal Ferreira. 3.ed. São Paulo: Martins Fontes, 2004.

A FIGURA PATERNA DE DEUS

Em diversas passagens da Bíblia, é possível perceber Deus sendo chamado de Pai, sendo algumas delas:

> Mas tu és nosso **Pai**, ainda que Abraão não nos conhece, e Israel não nos reconhece. Tu, ó Senhor, és nosso **Pai**; nosso Redentor desde a antiguidade é o teu nome. (Isaías, 63:16[3])

---

3. CPAD. **Bíblia Sagrada** – Harpa Sagrada. Tradução de João Ferreira de Almeida. 4.ed. revista e corrigida. Barueri, São Paulo: Casa Publicadora das Assembleias de Deus, 2009.

Mas, agora, ó Senhor, tu és o nosso **Pai**; nós, o barro, e tu, o nosso oleiro; e todos nós, obra das tuas mãos. (Isaías 64:8)

Pai de órfãos e juiz de viúvas é Deus no seu lugar santo. (Salmos 68:5)

Vede quão grande amor nos tem concedido o **Pai**: que fôssemos chamados filhos de Deus. Por isso, o mundo não nos conhece, porque não conhece a ele. (1 João 3:1)

Ora, a nosso Deus e **Pai** seja dada glória para todo o sempre. Amém! (Filipenses 4:20)

Apesar de Deus ter sido chamado de Pai em passagens que antecederam a Jesus, foi este quem deu combustível a essa forma de tratamento, ao dizer:

Sede vós, pois, perfeitos, como é perfeito o vosso **Pai**, que está nos céus. (Mateus 5:48)

Mas tu, quando orares, entra no teu aposento e, fechando a tua porta, ora a teu **Pai**, que vê o que está oculto; e teu Pai, que vê o que está oculto, te recompensará. (Mateus 6:6)

Olhai para as aves do céu, que não semeiam, nem segam, nem ajuntam em celeiros; e vosso Pai celestial as alimenta. Não tendes vós muito mais valor que elas? (Mateus 6:26)

Sede, pois, misericordioso, como também vosso **Pai** é misericordioso. (Lucas 6:36)

Chamar Deus de Pai, entretanto, naturalmente não soará da mesma forma para todas as pessoas, visto que é comum que indivíduos relacionem termos pronunciados ou lidos à sua realidade. Nesse contexto, a palavra "pai" pode representar amor, proteção, amparo e amizade para alguns, enquanto para outros pode ser a lembrança de abandono, rejeição ou atos violentos. É uma pena que muitos não exerçam com amor e sabedoria a função paterna, contudo, mesmo em ótimos exemplos paternos não haverá correspondência à paternidade de Deus, visto que pais terrenos são sujeitos a falhas, enquanto o Criador é um ser perfeito, ideal, que não comete erros.

Percebe-se que a tentativa de compreender Deus-Pai a partir de exemplos humanos é inadmissível, visto que não é possível comparar um ser perfeito com seres falíveis. Assim, independentemente do que vem à sua mente, espero que até ao final deste livro você resgaste, por meio da imagem de Deus, uma figura positiva da palavra que é tão desgastada, a palavra "pai", visto que todos nós, indistintamente, temos o desejo, a carência ou até mesmo a necessidade de ter uma figura verdadeiramente paterna em nossa vida. Para ressignificar o termo, é necessário conhecer o Pai Celestial, mas como isso é possível?

COMO CONHECER A DEUS INTIMAMENTE?

PARTINDO DA IDEIA de que o caminho para encontrar as respostas existenciais não é linear, chegamos a um paradoxo, pois Ele, Deus, por Sua imensidade, Sua grandiosidade, não pode ser conhecido, mas o ser humano é ao mesmo tempo convidado a conhecê-Lo. Jesus nos convida a conhecer o Pai quando diz:

> [...] Pai, é chegada a hora; glorifica a teu filho, para que também o teu Filho te glorifique a ti, assim como lhe deste poder sobre toda a carne, para que dê a vida eterna a todos quantos lhe deste. E a vida eterna é esta: que

> conheçam a ti só por único Deus verdadeiro e a Jesus Cristo, a quem enviaste. (João 17:1-3)

Apesar do convite, vários outros textos bíblicos falam da impossibilidade de conhecer a Deus, como:

> Você acha que pode explicar os mistérios de Deus? Acha que pode traçar um perfil do Todo-poderoso? Deus é muito mais elevado que sua mente, mais profundo do que pode compreender. Ele se estende além dos horizontes da terra, é muito maior que todo oceano e mar. (Jó 11:7-9, Bíblia de estudo *A Mensagem*)[4]

O livro dos Salmos também tem várias letras de antigas músicas afirmando que nós não podemos

---

4. PETERSON, Eugene H. **Bíblia de estudo *A Mensagem***: Bíblia em Linguagem Contemporânea. São Paulo: Editora Vida, 2014.

compreender a grandeza de Deus. É o caso, por exemplo, de:

> Grande é o Senhor e mui digno de louvor; e a sua grandeza, inescrutável. (Salmos 145:3)

> O Eterno é aquele que reconstrói Jerusalém, que resgata os exilados dispersos de Israel. Ele cura os de coração partido e enfaixa suas feridas. Ele conta as estrelas e dá nome a cada uma. Nosso Senhor é grande, com força sem limite: nunca compreenderemos o que ele sabe ou faz. (Salmos 147:2-5, Bíblia de estudo *A Mensagem*)

> Tal conhecimento é maravilhoso demais e está além do meu alcance; é tão elevado que não o posso atingir. (Salmos 139:6, NVI)[5]

---

5. VIDA. **Bíblia Maxicolor:** Nova Versão Internacional (Traduzida pela Comissão de Tradução da Sociedade Bíblica Internacional). São Paulo: Editora Vida, 2007.

Como pode ser observado, o conhecimento e a imensidão de Deus estão além do alcance humano. Assim, a possível existência de um ser que pode ser provado pela mente humana não pode coexistir com o Deus da Bíblia. O apóstolo Paulo, campeão da fé cristã, também confessou de maneira maravilhada:

> Vocês, por acaso, já viram algo que se compare à graça generosa de Deus ou à sua profunda sabedoria? É algo acima da nossa compreensão, que jamais entenderemos. Há alguém que possa explicar Deus? Alguém inteligente o bastante para lhe dizer o que fazer? Alguém que tenha feito a ele um grande favor ou a quem Deus tenha pedido conselho? Tudo Dele procede; tudo acontece por intermédio Dele; tudo termina nele. Glória para sempre! Louvor para sempre! Amém. Amém. Amém. (Romanos 11:33-36, Bíblia de estudo *A Mensagem*)

Aliás, o próprio Deus confirma, por meio do profeta Isaías, a impossibilidade de conhecê-Lo plenamente: "Assim como os céus são mais altos do que a terra, também os meus caminhos são mais altos do que os seus caminhos, e os meus pensamentos mais altos do que os seus pensamentos". (Isaías 55:9, NVI)

No entanto, eu insisto em dizer: Deus quer que o conheçamos. Inclusive, o apóstolo Paulo diz que devemos crescer no conhecimento de Deus (Colossenses 1:10). Então, como resolver a questão entre não poder conhecer a Deus e dever conhecê-Lo?

NÃO PODER CONHECER A DEUS
VERSUS
DEVER CONHECER A DEUS

A APARENTE CONTRADIÇÃO apresentada tem uma solução simples. O ser humano, sozinho, com as suas falhas e limitações, não pode jamais alcançar a Deus, mas então Deus se revela ao ser humano. Sem a revelação de Deus, não O compreenderíamos, pois não somos nada perante a grandiosidade Dele; somos mortais, sujeitos aos caprichos e erros de nossa própria vida. Quantas vezes não nos lamentamos por nossas próprias atitudes? Somos menos que um grão de areia no deserto da realidade. E apesar da nossa pequenez, queremos ter acesso a esse Deus inacessível.

E há pelo menos quatro maneiras básicas de Deus se revelar ao Homem. A primeira forma de revelação do Criador é a natureza. Tal afirmação pode ser percebida na declaração feita pelo poeta Davi: "Os céus manifestam a glória de Deus e o firmamento anuncia a obra das suas mãos" (Salmos 19:1). Além disso, Paulo diz que o ser humano não pode dar desculpas, porque desde que Deus criou o mundo, as qualidades invisíveis, isto é, o Seu poder eterno e a Sua natureza divina, têm sido vistas claramente (Romanos 11:21).

Há quem critique, todavia, o valor da natureza como meio de entender a Deus. É o caso do famoso teólogo suíço Karl Barth[6], que valorizava apenas o evangelho. O posicionamento dele é compreensível, pois sabemos que a natureza é uma revelação imperfeita e incompleta, bem como que a religião natural não salva o ser humano. A ideia do teólogo, entretanto, não deve ser exagerada, afinal, como negar que a inteligência e o poder de Deus não são evidentes nos astros, na natureza e em todo o universo?

Se você já teve a experiência de realizar um mergulho no mar, deve ter se maravilhado com

---

6. BARTH, Karl. **Rudolf Bultmann – ein Versuch ihn zu verstehen**. Zurich: Evangelischer Verlag, 1952.

a diversidade existente nele, com a riqueza de detalhes, a beleza dos corais e com o fato de os peixes seguirem nadando, sem qualquer espanto, mesmo com a presença de um humano perto deles. Parece outro mundo, mas um mundo que não pode ser obra do acaso ou de uma explosão cósmica, que só pode ser obra de um ser ciente do que estava criando.

Pense no corpo humano, que é criado em sua maioria por água, e que dentro de cada célula há diversas partes e funcionalidades. Uma célula, cumprindo a sua missão, junta-se com outra e com outra, e formam tecidos, músculos, órgãos e resultam na complexidade do corpo humano. O acaso teria que ser muito inteligente para criar uma "máquina" tão articulada!

E as estrelas? A lua e as suas fases? E os planetas? E tudo o que o ser humano ainda busca entender em relação ao universo? Só podem ser obra de um ser que tem propósito para a sua criação. Foge de meus pensamentos a possibilidade de acreditar que não houve qualquer motivo para que tudo o que conhecemos, e o que não conhecemos, fosse criado. Do nada, nada se produz; tem que haver um ser, antes da origem do universo, para justificar a origem dele, pois sempre há uma causa que precede o efeito. Como é possível que do nada surja algo? Não seria mais inteligente admitir que, em vez de nada, havia um Deus? A existência de um Deus eterno, sem começo ou fim, é necessária para explicar a própria existência do universo.

É improvável que a ordem do universo tenha vindo do caos. "Tem que haver algum princípio organizador. Deus, para mim, é um mistério, mas ainda é a melhor explicação que tenho para o milagre da existência, porque existe algo em vez de nada", foi o que disse Allan Sandage, astrônomo profissional[7]. E esse ser não pode ser preso a matéria ou ao espaço, porque eles não existiam antes Dele. Ele tem que ser onipresente e ter vontade porque o universo é intencionado.

O astrônomo belga Georges LeMaitre[8], por meio de sistematização teórica, demonstrou que

---

7. BEGLEY, Sharon. "Science Finds God." Entrevista publicada em **Newsweek**, 20 jul. 1998.

8. LEMAÎTRE, G. **The Expanding Universe**, *Monthly Notices of the Royal Astronomical Society* 91, 1931. LEMAÎTRE, G. **Expansion of the universe, a homogeneous universe of constant mass and increasingradius accounting for the radial velocity of extra-galactic nebulae**. *Monthly Notices of the Royal Astronomical Society* 91, 1931.

o universo está longe da estagnação, pois encontra-se em expansão, como uma bola de gás. Assim, em termos físicos, é possível dizer que o universo está em constante movimento. Contudo, também advém da física[9] a ideia de que nenhum movimento ocorre sem uma causa que o impulsione. Se vemos uma bola rolando, automaticamente deduzimos que alguém provocou aquilo, pois não é possível que a bolsa se movimente sozinha de um canto para o outro sem uma ação externa. Logo, se o universo algum dia entrou em movimento, é possível entender que algo foi responsável por esse movimento. E por que não acreditar que o movimento foi dado por Deus?

Os elementos da natureza, quando verificados por um olhar observador, parecem indicar um projetista original. O vento que espalha as sementes, a chuva que as germina, o sol que lhes proporciona vida, o animal que come a planta... tudo segue uma sincronia. E a sincronia demonstra um propósito para tudo o que conhecemos. Tal afirmação pode ser confirmada quando

---

9. 1ª Lei de Newton. Para mais informações, verifique: SILVA, S. L. L. **A primeira lei de Newton:** uma abordagem didática. Disponível em: https://www.scielo.br/j/rbef/a/ws6sD6y6f8SqsDYCKMvrGsS/?lang=pt. Acesso em: 22 dez. 2022.

observamos o desiquilíbrio natural que é gerado quando uma planta ou um animal não nativo se prolifera pela ação humana em um ambiente que não é originalmente seu, isto é, que não tem qualquer predador. Há casos em que o ambiente originário é totalmente modificado. Assim, como não acreditar que o universo foi planejado por um ser com inteligência infinitamente superior?

Agora, como eu disse, trata-se de uma revelação incompleta e limitada. Essa revelação da natureza apenas nos diz que fomos criados e fornece um ou outro possível detalhe sobre esse criador, mas não nos garante a qualidade do seu caráter.

Quando estamos diante de um quadro, por exemplo, é possível presumir a existência de um pintor e até sugerir que ele seja melancólico ou alegre, mas nos surpreenderíamos com a descoberta de que o seu pintor era um maníaco chamado Adolf Hitler. Provavelmente pesquisaríamos nos sites da internet para confirmar a veracidade da informação, pois como alguém com pensamentos tão perversos poderia retratar a natureza de uma forma tão bela e com riqueza de detalhes, de um jeito que nos transmite paz?

Do mesmo modo é a criação; eu sei que ela é grandiosa, mas não consigo saber se por meio dela Deus realmente me ama ou qual a sua intenção para cada elemento criado. Aliás, a presença de algumas anomalias na natureza pode até sugerir que o criador seja um sujeito cego ou desastrado, pois criou as coisas com defeito de fabricação. É por isto que precisamos de outro canal da revelação divina, algo que convide a entender não apenas a existência do criador, mas a sua história. E é aqui que entram as escrituras sagradas.

Se a natureza é a revelação geral de Deus, a Bíblia é a sua revelação especial. Deus falou ao ser humano por meio da profecia. De acordo com Hebreus 1:1, a Bíblia é o referencial escrito do caráter do Pai; ela não esgota tudo sobre Deus, mas o que apresenta a respeito Dele é verdadeiro e deve ser incorporado por cada um de nós.

A Bíblia é a palavra revelada de Deus, porém ela não me diz apenas informações sobre Ele, ela me conta a Sua história. E o mais importante ou mais interessante é que a revelação foi disponibilizada em linguagem humana, de modo que até crianças podem entender as suas verdades. E com tal atitude de Deus, podemos compreender um pouco sobre o Seu caráter, pois quem transmite algo de forma acessível quer ser compreendido pelo maior número de pessoas possível. Não é à toa, por exemplo, que escrevi este livro com simplicidade e com exemplos, o meu objetivo é que mais e mais pessoas tenham acesso aos questionamentos que são refletidos e respondidos por meio desta obra.

Outra característica que pode ser percebida é que Deus não faz segregação de pessoas. Não importa para Ele se você é rico, pobre, preto, branco, amarelo, sanguíneo, fleumático, colérico ou melancólico; o que realmente importa é que Ele quer ser conhecido por você, quer ter comunhão contigo, e quer que você compreenda que não é obra do acaso, que é criação Dele.

O escritor Phillip Yancey, autor do livro *O Deus (in)visível*[10], escreveu: "Por que Deus me ama? A Bíblia responde a essa profunda questão com uma palavra incomparável: graça. Deus ama em

---

10. YANCEY, Phillip. **O Deus in(visível)**. São Paulo: Editora Vida, 2002.

razão do que Ele é, não que eu tenha feito algo por merecer. Deus não pode deixar de amar, pois o amor define sua natureza." Lindo, não é mesmo? Agora, para entender tudo isso, precisamos ainda de outra atuação de Deus. E é aqui que entra o Espírito Santo.

QUEM É O ESPÍRITO SANTO?

QUEM É O
ESPÍRITO SANTO?

Quem é provavelmente o agente menos conhecido da trindade? Quem é o Espírito Santo? O próprio nome "Espírito Santo" já é um conceito bastante abstrato para muitas pessoas. Quando ouvem a palavra "espírito", elas logo evocam a imagem de um fantasma flutuante, sem corpo, ou um vapor misterioso, mas isso não tem nada a ver com o Espírito Santo apresentado na Bíblia.

O Espírito Santo dos autores bíblicos não é um fantasma, nem se trata apenas de uma vaga influência ou energia impessoal. Ele é, antes de tudo, uma pessoa apresentando os mesmos atributos de uma personalidade, como intelecto, vontade e emoção. Jesus mesmo apresenta o Espírito como o seu representante pessoal. Cristo diz: "Mas, quando vier o Consolador, que eu da parte do Pai vos hei de enviar, aquele Espírito da verdade, que precede do pai, testificará de mim" (João 15:26).

Testificar sobre alguém só pode ser trabalho realizado por uma pessoa. Note a forma como Lucas, em Atos 15:28, refere-se ao Espírito Santo: "Pareceu bem ao Espírito Santo e a nós [...]". Ele é incluído nas decisões, fato que lhe atribui pessoalidade. Por exemplo, Ele ouve, fala, relembra, decide, corrige, convence, intercede, guia, ama, consola, fica triste e é ofendido. Para tanto, seguem algumas passagens bíblicas que refletem tais características do Espírito Santo:

> Porque não sois vós quem falará, mas o Espírito de vosso Pai é quem fala em vós. (Mateus 10:20)

> E eu rogarei ao Pai, e ele vos dará outro Consolador, para que fique convosco para sempre. (João 14:16)

> E da mesma maneira também o Espírito ajuda as nossas fraquezas;

porque não sabemos o que havemos de pedir como convém, mas o mesmo Espírito intercede por nós com gemidos inexprimíveis. (Romanos 8:26)

E não entristeçais o Espírito Santo de Deus, no qual estais selados para o Dia da Redenção. (Efésios 4:30)

Mas o fruto do Espírito é: amor, gozo, paz, longanimidade, benignidade, bondade, fé, mansidão, temperança. (Gálatas 5:22)

Mas eles foram rebeldes e contristaram o seu Espírito Santo; pelo que se lhes tornou em inimigo e ele mesmo pelejou contra eles. (Isaías 63:10)

    O Espírito Santo de Deus, entretanto, não é qualquer pessoa, Ele é uma pessoa divina. É a Bíblia que Lhe atribui as mesmas qualidades de Deus-Pai. Ele é eterno, conhece todas as coisas, está presente em todos os lugares, e é chamado de Santo. Na fórmula batismal, Ele é apresentado juntamente com Cristo e com o Pai, quando os discípulos são ensinados a batizarem todas as nações em nome do Pai, do Filho e do Espírito Santo (Mateus 28:19). Ele é o elo entre o Pai e o Filho.

Os três, Pai, Filho e Espírito Santo, aparecem em igualdade em várias passagens, como, na benção apostólica de 2 Coríntios 13:13: "A graça do Senhor Jesus Cristo, e o amor de Deus, e a comunhão do Espírito Santo sejam com vós todos. Amém". O Espírito Santo também aparece na explicação sobre os dons espirituais:

> Ora, há diversidade de dons, mas o Espírito é o mesmo. E há diversidade de ministérios, mas o Senhor é o mesmo. E há diversidade de operações, mas é o mesmo Deus que opera tudo em todos. Mas a manifestação do Espírito é dada a cada um para o que for útil. Porque a um, pelo Espírito, é dada a palavra da sabedoria; e a outro, pelo mesmo Es-

pírito, é dada a palavra da ciência; e a outro, pelo mesmo Espírito, a fé; e a outro, pelo mesmo Espírito, os dons de curar; e a outro, a operação de maravilhas; e a outro, a profecia; e a outro, o dom de discernir os espíritos; e a outro, a variedade de línguas; e a outro, a interpretação das línguas. Mas um só e o mesmo Espírito opera todas essas coisas, repartindo particularmente a cada um como quer. (1 Coríntios 12:4-11)

Como um resumo, é possível perceber que Pai, Filho e Espírito Santo são iguais, embora tenham atribuições diferentes ao longo da história. E como conhecer Deus a partir do Espírito Santo?

Paulo argumenta que, assim como nós conhecemos a nossa mente e as coisas da nossa esfera, o Espírito Santo conhece a mente de Deus e as coisas da esfera divina (1 Coríntios 2:11). Entende-se, assim, que não é pela inteligência humana que entendemos a Deus e o Seu plano para nós, mas é pela revelação do Espírito Santo.

O apóstolo, inclusive, afirma que a nossa fé não deve se apoiar na sabedoria dos homens, na sabedoria deste mundo ou de seus príncipes, mas na sabedoria de Deus, que é oculta em mistério e que foi ordenada antes dos séculos para a nossa glória; mas que não foi conhecida pelos príncipes deste mundo, pois se eles a tivessem conhecido, nunca teriam crucificado ao Senhor da glória, Jesus.

> Mas, como está escrito: As coisas que o olho não viu, e o ouvido não ouviu, e não subiram ao coração do homem são as que Deus preparou para os que o amam. Mas Deus no-las revelou pelo seu Espírito; porque o Espírito penetra todas as coisas, ainda as profundezas de Deus.
> (1 Coríntios 2:6-10)

Para demonstrar ainda mais a grandiosidade dos textos mencionados, cito a versão de Eugene Peterson por meio da Bíblia de estudo *A Mensagem*:

A verdade é que temos sabedoria para compartilhar, desde que vocês estejam espiritualmente firmes. Não se trata da sabedoria popular propagada por supostos especialistas, que estarão obsoletos em um ano. A sabedoria de Deus é algo misterioso que encerra a profundidade de seus propósitos. Nada tem de vaga e superficial. Ela não é uma nova mensagem: é a mais antiga – o que Deus determinou como forma de produzir o melhor dele em nós, muito antes que entrássemos em cena. Os sábios do nosso tempo não têm ideia do que seja esse plano eterno. Do contrário, não teriam matado numa cruz o Senhor da vida designado por Deus. Por isso, temos este texto das escrituras:

Ninguém jamais viu ou ouviu algo parecido. Nunca se imaginou algo semelhante – Mas é o que Deus tem preparado para aqueles que o amam.

Mas vocês o têm visto e ouvido porque Deus, por intermédio do seu Espírito, o revelou a vocês.

O Espírito, não satisfeito em mover-se na superfície, mergulha até as profundezas de Deus e traz à tona o que Deus planejou. Quem conhece o seu pensamento a não ser você mesmo? O mesmo ocorre com Deus! Ele não só sabe o que está pensando, mas também nos permite sabê-lo. Deus tudo nos revela sobre os dons da vida e da salvação que nos concedeu. Não precisamos dos palpites nem das opiniões do mundo. Não aprendemos isso nos livros nem na escola: aprendemos de Deus, que nos ensinou pessoalmente, por meio de Jesus, e os transmitimos a vocês, em primeira mão. (1 Coríntios 2:6-13, Bíblia de estudo *A Mensagem*)

O Espírito Santo, o terceiro membro da trindade, enviado por Jesus para nos dar assistência plena[11], também nos revela os atributos do criador. Entretanto, existe outro agente na divindade que revele de forma clara o caráter de Deus? Sim, Jesus Cristo, a revelação clara e manifesta de Deus.

"Todas as coisas me foram entregues por meu Pai; e ninguém conhece o Filho, senão o Pai; e ninguém conhece o Pai, senão o Filho e aquele a quem o Filho o quiser revelar" (Mateus 11:27). Ele, Jesus, de acordo com o novo testamento, é o retrato perfeito, vivo, do nosso Pai Celestial. É a melhor revelação possível de quem é Deus. E por ser igual a Deus, Jesus pode mostrar quem Deus é. Foi Ele mesmo que afirmou: "Eu e o Pai somos um" (João 10:30) e "Quem me vê a mim vê o Pai" (João 14:9).

---

11. Referências às palavras presentes em João 14:15-31 e João 15:26-27.

QUEM É JESUS?

PARA ENTENDER QUEM É JESUS, podemos analisar as Escrituras. É claro que a Bíblia, por si só, não esgota as maravilhas feitas por Ele, tanto é que João diz: "Há, porém, ainda muitas outras coisas que Jesus fez; e, se cada uma das quais fosse escrita, cuido que nem ainda o mundo todo poderia conter os livros que se escrevessem. Amém!" (João 21:25).

Dificilmente haverá no Brasil quem nunca ouviu sobre o nascimento e a morte de Jesus na Terra, visto que as histórias são amplamente difundidas popularmente. Contudo, também é válido o conhecimento da trajetória de vida desse homem, os milagres que Ele operou, bem como a forma que impactou a vida dos que com Ele conviveram.

Provavelmente, a primeira lição deixada pelo Filho de Deus tenha sido nascer sem qualquer pompa. Seja sincero(a) comigo, se você fosse filho do rei do universo, o dono de tudo, provavelmente não iria querer nascer em uma estrebaria, um local que cheira a esterco, e no meio de tantos animais, não é mesmo? No mínimo escolheria nascer em um local com condições de higiene básicas. E se não fosse pedir muito, em um castelo regado a ouro e com vários presentes preciosos a sua espera.

Jesus, porém, não fez qualquer exigência. O salvador da humanidade nasceu em um lugar simples, em uma família comum e em situações precárias, o que nos mostra que Jesus não se importa com posição social ou origem, que Ele veio para salvar todos aqueles que nEle crerem[12]. Mais ainda, com o nascimento, Jesus nos mostrou que a felicidade e o que realmente importa não envolvem posses ou lugares requintados. Com um parêntese para a atualidade, especialmente para a época em que se

---

12. O nascimento de Jesus pode ser encontrado na Bíblia Sagrada, nos livros de Mateus 1:18-25 e Lucas 2:1-40.

comemora o nascimento de Jesus, o Natal, Cristo nos mostra que a presença de quem amamos, a união com os irmãos, um abraço e carinho valem mais do que qualquer objeto comprado.

Seguindo a ordem humana natural, Ele cresceu e se desenvolveu. De acordo com Lucas 2:40-52, à media que crescia, o menino Jesus se fortalecia no espírito, cheio de sabedoria, pois a graça de Deus estava sobre Ele. Mesmo sabendo da graça de Deus e tendo a sabedoria do alto, em nenhum momento se sentiu superior; pelo contrário, quando podia, assentava-se no meio de doutores para ouvi-los e interrogá-los. Jesus se preparou, buscou entender a realidade humana, bem como os ensinamentos acerca do Pai antes de se revelar como Filho de Deus. Você se comportaria de maneira semelhante?

O primeiro milagre de Jesus, de acordo com João 2:11, consistiu na transformação da água em vinho em uma festa de casamento em Caná da Galileia. E o que aquele primeiro milagre pode nos ensinar? Faltando o vinho da festa, a mãe de Jesus foi procurá-lo, pois era inadmissível que em uma festa faltasse vinho, já que este era sinônimo de alegria. E depois que Jesus disse aos empregados para que enchessem os potes de pedra com água e servissem ao mestre de cerimônias, este exclamou que o vinho oriundo de Jesus era o melhor. A situação nos mostra que Jesus não se dispõe a entrar em nossa vida para nos conceder uma simples alegria, mas sim a melhor e maior alegria, a alegria da salvação.

É importante ressaltar que é preciso levar em consideração o contexto quando a Bíblia fala do vinho. No novo testamento, que foi escrito em grego, a palavra usada para vinho (oinos) é a mesma para suco de uva. Então, já que a palavra é dúbia, eu preciso saber em qual contexto ela está. É igual manga, que pode ser manga de camisa ou manga de chupar.

Em alguns momentos a Bíblia realmente fala do vinho fermentado, como é o caso em que o patriarca Noé bebeu e ficou embriago[13]. Entretanto, no caso do milagre de Jesus, não há que se falar que o vinho de Jesus seria alcoolizado. E por quais

---

13. Referência a Gênesis 9:21.

motivos? Primeiro, todos já estavam bebendo vinho desde o início da festa. Então, se Jesus fosse multiplicar para dar mais vinho para aquelas pessoas, não haveria qualquer coerência. Jesus estaria incentivando a embriaguez. Além disso, na cerimônia religiosa judaica, o fermento não podia fazer parte, visto que era símbolo do pecado[14]. Assim, Jesus não iria contra a cultura judaica.

Para comprovar a inexistência de fermentação no vinho, nos manuscritos do mar morto há a previsão do vinho que o sacerdote tomava, que era o mosto, o vinho não fermentado[15]. Outro fato interessante, e que pode parecer a princípio contraditório, é que a uva só é produzida uma vez por ano em Israel, geralmente no mês de setembro. Assim, como haveria vinho não fermentado em todo o ano se não havia geladeira na época? Há receitas, mostradas pela arqueologia, de vinho feito de uva passa pelos israelitas; vinho que era dado, inclusive, para as crianças. E o vinho fermentado não

---

14. Levítico 2:11 e 12.

15. KENYON, Frederic G. **Our Bible and Ancient Manuscripts**. New York: Harper & Brothers, 1941.
Referência a Levítico 10:8-11.

era visto com bons olhos nem mesmo na sociedade romana. Ele era utilizado naquela época para esterilizar machucados e para purificar a água; é por isso que Paulo recomendou que Timóteo utilizasse um pouco de vinho em sua água, a fim de amenizar as dores para o estômago[16].

---

16. Referência a 1 Timóteo 5:23.

UM POUCO MAIS SOBRE JESUS...

IMAGINE UM CEGO, alguém que não pode contemplar a luz do dia, enxergar o verde das árvores, os pássaros voando no céu, o rosto de seus pais ou o semblante de seus amigos mais queridos; o que ele faria se houvesse a oportunidade de encontrar alguém que dizem que realiza milagres? Bartimeu[17] se dispôs a ser ouvido, gritando: Jesus, Filho de Davi, tem misericórdia de mim! E apesar da repreensão de outras pessoas, continuou a clamar.

A Bíblia não diz que Bartimeu era cego de nascença. Ela também não informa como Bartimeu ficou cego, caso ele não tenha nascido com essa

---

17. A cura do cego Bartimeu pode ser encontrada em Marcos 10:46-52 e Lucas 18:35-43.

deficiência. Na verdade, há pouquíssimas informações sobre a vida pessoal de Bartimeu. Então, é natural que não tenhamos respostas exatas para perguntas assim. Até existem muitas interpretações populares que especulam a natureza da cegueira de Bartimeu, mas a questão é que nenhuma delas conta com qualquer apoio escriturístico ou tem alguma evidência histórica ou tradicional.

Seja qual for a natureza de sua doença ocular, o que importa é que ele clamou por ajuda e Jesus o ouviu. Mais ainda, Jesus parou e pediu que o chamassem. Não sei se você entendeu o impacto desse ato. Existe algo que "para" Jesus? Parece que acabamos de perceber que sim. O clamor verdadeiro de um homem parou Jesus, fez com que Cristo o ouvisse e o curasse. A fé daquele homem nos mostra que Cristo é acessível e que está disposto a parar por aqueles que o anseiam verdadeiramente.

Pense na mulher que sofreu por doze anos com uma hemorragia[18]. A Bíblia não menciona o seu nome, mas diz que ela gastou tudo o que tinha com médicos em busca de cura. Como será

---

18. A história da mulher com fluxo de sangue pode ser encontrada em Mateus 9:20-23 e Lucas 8:43-48.

que era a vida daquela mulher? Naquele tempo, a esposa precisava manter-se separada de seu marido no período menstrual durante sete dias, em razão do costume judaico que a considerava impura[19], bem como quem a tocasse. Assim, aos olhos da sociedade, aquela senhora era impura havia muitos anos e precisava se manter distante das outras pessoas.

Não sei como você se comportaria, mas eu me sentiria sozinho depois de tanto tempo sem poder me socializar com as pessoas, estar com aqueles que eu amo e estimo. Além da separação imposta, a vida financeira daquela mulher estava arruinada, a Bíblia relata que ela havia gastado tudo o que tinha em busca de cura. Por causa da necessidade de distanciamento, provavelmente não conseguia fazer nada para contribuir com algum bem para o seu lar, e dependia do sustento de sua família.

Outro fator a se considerar diz respeito à saúde daquela mulher. Pense no incômodo que deve ter sido sangrar continuamente por doze anos seguidos.

---
19. Referência a Levítico 15:19-28.

Quão fraca deveria estar naquele momento! Some o distanciamento, a falta de recursos financeiros, a dor por ser um fardo para a família e a fraqueza causada pelos anos de hemorragia, e imagine como estava a vida dela.

Apesar de todas as lutas, surgia uma esperança. A Bíblia não relata como ela ouviu falar de Jesus, ou o quanto teria que se esgueirar pelos becos para realizar alguma atividade sem ser notada; o que importa é que ela decidiu acreditar em Jesus e, mesmo com todos considerando-a impura, resolveu se espremer entre a multidão para tocar as vestes do Mestre. Quanta fé! E a sua fé fez com que virtude saísse de Jesus e ela fosse curada.

Quando pensamos na cura de Bartimeu e da mulher com fluxo de sangue, naturalmente as analisamos pelo aspecto físico, porém acredito na cura completa advinda de Jesus. Ao curar Bartimeu, Cristo permitiu que aquele homem saísse da mendicância e pudesse trilhar a sua vida a partir do fruto do seu trabalho, o que provavelmente também impactou a realidade daqueles que com ele conviviam.

Ao ser curada, a mulher com fluxo de sangue provavelmente teve relacionamentos restaurados, deixou de ser um fardo para a sua família, conseguiu exercer as suas tarefas diárias e, consequentemente, reerguer-se financeiramente, além de ter tido a sua alma curada. E o que aprendemos com isso? Aprendemos que Jesus está pronto para nos curar fisicamente, espiritualmente e psicologicamente, e que quando Ele nos toca, se tivermos fé, poderemos obter uma cura completa.

Diversos foram os milagres de Jesus e tamanhos foram os impactos ocasionados a partir de suas curas, que este livro não seria suficiente para abarcar a imensidade do Mestre. Assim, reservo-me a analisar agora outras características de Jesus a partir de seus ensinamentos. Veja, por exemplo, o que está escrito em Mateus 13:10-15 (Bíblia de estudo *A Mensagem*):

> Os discípulos perguntaram: "Por que contar histórias?". Ele respondeu: Vocês já ouviram a respeito do Reino de Deus. Conhecem as suas

verdades. Mas nem todos tiveram esse privilégio. Quando alguém tem o coração preparado, a compreensão é real. Mas, se não houver receptividade no coração, logo desaparece. Por isso conto histórias. Meu objetivo é criar disposição, levar o povo a receber a Mensagem. Nas condições em que se encontram, eles ficarão ouvindo até o dia do juízo e não entenderão nada. Vão ficar irritados por ouvir tanto e não entender coisa alguma. [...].

Na passagem citada, Jesus estava sendo questionado pelos seus discípulos acerca do motivo de sempre ensinar por parábolas. E a sua resposta foi brilhante! Jesus se fez um storyteller, um exímio contador de histórias, para que as pessoas que o ouvissem pudessem compreender o real impacto de suas palavras. Nas parábolas contadas, o Mestre usou elementos cotidianos que eram compreendidos por qualquer pessoa que o ouvisse, como: ovelha, vasos velhos, vinho novo, luz, sal, traça e ladrões, casa, rocha e outros[20]. Realmente Jesus se dispôs a levar a mensagem de salvação a todos os que quisessem ouvi-Lo.

Jesus conversava com todos. Ele conversou com um intelectual, como Nicodemos, mas também conversou com aquela mulher que estava para ser apedrejada. Ele conversou com os improváveis. Eu sou fã de Jesus, e eu procuro, do meu jeito humano, copiar Jesus em tudo. Consigo? Não, mas eu tento.

E a morte de Jesus? A crucificação era a pior forma de morte que se podia imaginar. De acordo com Flávio Josefo, ela consistia na mais desgraçada de todas as mortes[21]. A cruz tinha duas partes. A primeira parte consistia no poste, que era o *Stipes*, e a segunda parte era o *Patibulum*, que era o travessão. O mais comum era o crucificado carregar apenas o travessão nas costas. Enquanto a pessoa carregava o travessão, tinha pendurado em seu pescoço uma placa, geralmente feita de

---

20. Os elementos citados podem ser encontrados em Lucas 15:11-10, Mateus 9:17, Marcos 9:50, Mateus 5:14-16, Mateus 6:19-20 e Mateus 7:21-28.

21. JOSEFO, Flávio. **A guerra dos judeus**. Volume único. Editora Pillares, 2022.

madeira, que continha a sua acusação. Para ironizar os judeus, Pilatos escreveu na placa "Jesus de Nazaré, Rei dos Judeus" (Mateus 27:37).

É preciso ressaltar que no Stipes havia uma pequena protuberância, chamada de *Sedile*, parecida com um banquinho, para que a pessoa ficasse apoiada. A dor era tão grande que o filho de Deus, aquele sem qualquer falha, teve que se apoiar para que os pregos não rasgassem as suas mãos. Os pés do Mestre também foram pregados um de cada canto do poste. Para respirar, Cristo teve que lutar entre a dor de ficar sufocado ou a de tomar fôlego e sofrer com os pregos repuxando a sua pele. Imagine a cena e tenha a noção do que Jesus precisou suportar.

Outro fator amplamente humilhante é que o crucificado era exposto completamente nu perante aqueles que passavam pelo lugar em que ele estava, e isso não foi diferente com Jesus. É incontestável que Ele também estava sofrendo psicologicamente, entretanto, arrisco dizer que passava por uma depressão profunda desde o Getsêmani, nos momentos que antecederam a sua prisão.

A Bíblia diz que Jesus, em agonia, orava intensamente e que o Seu suor tornou-se grandes gotas de sangue que corriam até o chão (Lucas 22:44). Imagine quão profunda deve ter sido a dor na alma que Ele estava sentindo naquele momento! Dor capaz de fazer com que no lugar de suor saísse sangue.

Lembro-me de quando eu estava com depressão. Naquele período, eu não queria ver ninguém, não havia comida que me apetecesse, nenhuma palavra de ânimo me confortava, nada. É algo que eu não desejo a qualquer pessoa, mesmo àquela que me causa mal. Hoje a medicina já está avançada, mas naquele momento Cristo não teve qualquer medicamento para o auxiliar no alívio daquela dor. Ele também não teve a ajuda de um terapeuta ou de um psicanalista, como eu tive. E os três amigos que deveriam estar com Ele em oração dormiram (Lucas 22:45).

O que Jesus passou foi muito dolorido e humilhante, mas Ele passou por tudo isso por me amar, por amar você. Se Ele quisesse, poderia se salvar, pois Ele tem todo o poder, mas escolheu se sacrificar para que pudéssemos ter vida. "Mas aniquilou-se a si mesmo, tomando a forma de servo, fazendo-se semelhante aos homens; e, achado na forma de homem, humilhou-se a si mesmo, sendo obediente até à morte e morte de cruz" (Filipenses 2:7-8).

Jesus veio à Terra para que nós nos tornássemos novas criaturas. Cristo, naquela cruz, nos ofereceu perdão dos nossos pecados, "porque todos pecaram e destituídos estão da glória de Deus" (Romanos 3:23). O pecado causou a morte do filho de Deus. Alguém teve que morrer, um inocente foi crucificado para que eu pudesse estar hoje aqui escrevendo este livro para você e para que você pudesse lê-lo.

Para você entender como a crucificação de Jesus foi diferente das outras crucificações realizadas pelos romanos, vou lhe contar uma história. Havia um rei que precisava criar uma regra para que ninguém realizasse roubos em seu reino. Depois de vários questionamentos internos, esse rei decidiu que a melhor alternativa seria impor a regra de que quem roubasse teria os dois olhos arrancados. E a regra funcionou, até que um dia soldados chegaram à presença do rei e disseram: "Majestade, nós encontramos um jovem roubando, e a sua lei diz que quem for pego roubando deve ter os dois olhos arrancados, só que há um problema, o jovem é o seu filho".

O que você faria nesta situação? Se o rei abrisse uma exceção para o filho, forjasse a sua morte ou qualquer outra desculpa, ele nunca poderia olhar nos olhos do filho e dizer que ele tem um pai honesto. E ele tinha um dilema, porque, se mandasse arrancar os olhos do filho, as pessoas diriam: "Ele não tem misericórdia nem do próprio filho, quanto mais de nós". Como Rei, ele não poderia voltar atrás, mas como pai que ama, ele não poderia negar a salvação para o filho que errou e que está arrependido. Então, o rei disse: "Palavra de rei não volta atrás. São dois olhos que a lei quer, são dois olhos que a lei terá, podem arrancar os meus olhos e deixem o meu filho!".

A diferença da crucificação de Jesus para as demais crucificações dos romanos é que Deus estava dando o filho Dele, alguém que com Ele era um, para morrer por todos nós, seres pecadores. Ele sofreu, sentiu as dores junto de Jesus para que pudéssemos ter vida eterna. Pense como pai, imagine como deve ser a dor de ver o seu filho apanhando na sua frente, sendo machucado, humilhado perante uma multidão de pessoas, tendo a sua nudez exposta, sem ter cometido qualquer pecado, sem ter feito qualquer mal... A minha dor seria dilacerante se eu estivesse naquela posição. E, apesar da dor, Ele aceitou o sacrifício de seu Filho, em razão de tanto nos amar. E mais, não parou os Seus atos com a morte de Seu Filho, Ele continua cuidando de cada detalhe de nossas vidas.

Quando o pecado entrou no mundo e a harmonia do universo foi quebrada, surgiu a sentença do pecado, a morte. E a segunda pessoa da divindade, Jesus, decidiu morrer no lugar da humanidade. Quando Cristo morreu na cruz do calvário, a Sua morte não foi mais uma para constar nos dados, Ele morreu no lugar de todos os pecadores. Ele, que não era pecador, morreu por todos nós. E é graças à morte Dele que hoje temos a esperança da vida eterna.

Jesus era uma pessoa especial, nunca existiu nem existirá outra pessoa igual a Ele. Cristo era o único de sua espécie, porque além de não ter pecado e ser o salvador, Ele era ao mesmo tempo divino e humano, 100% Deus e 100% Homem. É difícil explicar como um Deus infinito e o ser humano finito podem se unir em uma única pessoa, mas essa é a verdade que a Bíblia, especialmente o novo testamento, nos apresenta. Veja alguns textos que mostram de maneira muito clara a realidade de que Cristo era plenamente Deus:

> No princípio era aquele que é a Palavra. Ele estava com Deus, e era Deus. Ele estava com Deus no princípio. Todas as coisas foram feitas por intermédio dele; sem ele, nada do que existe teria sido feito. Nele estava a vida, e esta era a luz dos homens. A luz brilha nas trevas, e as trevas não a derrotaram. (João 1:1-5, NVI)

A citação nos mostra que Cristo é o criador de tudo o que existe. Daniel também declara: "Foi-lhe dado o domínio, e a honra, e o reino, para que todos os povos, nações e línguas o servissem; o seu domínio é um domínio eterno, que não passará, e o seu reino, o único que não será destruído" (Daniel 7:14). Nesse texto, o profeta estava falando sobre o reino de Deus, que também pertence ao filho do homem – de acordo com o verso 13 –, e que, de acordo com Daniel, tem domínio eterno sobre este reino.

Outra passagem bíblica muito bonita está escrita em Miquéias 5:2: "E tu, Belém Efrata, posto que pequena entre milhares de Judá, de ti me sairá o que será Senhor em Israel, e cujas origens são desde os tempos antigos, desde os dias da eternidade". Ao falar do nascimento de Jesus, e de Belém, diz que Ele, Jesus, existe desde os dias da eternidade, isto é, Ele nunca teve começo e Ele nunca terá fim. Em outro contexto, Jesus é chamado de Deus Forte, Pai da Eternidade: "Porque um menino nos nasceu, um filho se nos deu; e o principado está sobre os seus ombros; e o seu nome será Maravilhoso Conselheiro, Deus Forte, Pai da Eternidade e Príncipe da Paz" (Isaías 9:6).

Paulo também fala sobre Jesus como a imagem do Deus invisível, o primogênito de toda a criação; "porque nele foram criadas todas as coisas que há nos céus e na terra, visíveis e invisíveis, sejam tronos, sejam dominações, sejam principados, sejam potestades; tudo foi criado por ele e para ele. Ele é antes de todas as coisas, e todas coisas subsistem por ele" (Colossenses 1:15-17). Tal passagem bíblica nos mostra que Cristo, unido ao Pai e ao Espírito Santo, é um Deus único, incomparável, inimaginável, um ser que sabe de todas as coisas, que não tem limites e que não há espaço que possa comportá-lo; um ser que permeia o universo sem ser confundido com ele.

Tomé, que entrou para a história como o discípulo incrédulo, referiu-se a Jesus exclamando: "Senhor meu, e Deus meu!" (João 20:28). Por fim, Hebreus 1:6 ordena aos anjos que adorem a Cristo, e somente Deus pode ser adorado. Esses são alguns exemplos de que Jesus, mais do que um grande mestre, fundador de uma religião, era o Salvador da humanidade, Deus em forma humana.

Por meio das passagens bíblicas citadas, compreendemos como era o caráter de Jesus, e conhecendo ao Filho conhecemos o Pai. Não basta, porém, conhecer teoricamente a Deus. Segundo a Bíblia, é preciso experimentá-lo na prática. Pense, por exemplo, que estou comendo um sanduíche e lhe diga que ele está muito bom. Por mais que eu tente explicar que o pão dele é artesanal, que o queijo foi grelhado ou que o sabor dele me lembra de tal dia de minha infância, você nunca saberá o sabor se não o experimentar. Deus é assim, se você não tiver uma experiência com Ele nunca o conhecerá verdadeiramente.

Inclusive, em uma de suas orações, Jesus ressaltou a importância de conhecer as coisas de Deus para se ter a vida eterna, porém esse conhecimento deve ser oriundo de um encontro pessoal e direto com a divindade (João 17:3). Perceba que precisamos conhecê-lo porque a nossa salvação depende disso.

Conhecer, no pensamento hebraico, envolvia mais do que saber fatos a respeito de uma pessoa. Não é algo que acontece simplesmente por meio de um livro, de um programa de televisão ou de uma pesquisa. Embora essas coisas possam ajudar, e tenham o seu valor, o verdadeiro conhecimento de Deus-Pai vem através de um relacionamento pessoal e amoroso com Ele.

FILHOS POR ADOÇÃO

FILHOS POR ADOÇÃO

Além de nos salvar e perdoar, Cristo ainda nos deu o privilégio de podermos ser chamados de filhos de Deus e, consequentemente, possibilitou que também fizéssemos parte dos herdeiros do Pai.

> Porque todos os que são guiados pelo Espírito de Deus, esses são filhos de Deus. Porque não recebestes o espírito de escravidão, para, outra vez, estardes em temor, mas recebestes o espírito de adoção de filhos, pelo qual clamamos: Aba, Pai. O mesmo Espírito testifica com o nosso espírito que somos

filhos de Deus. E, se nós somos filhos, somos, logo, herdeiros também, herdeiros de Deus e coerdeiros de Cristo; se é certo que com ele padecemos, para que também com ele sejamos glorificados. (Romanos 8:14-17)

E, porque sois filhos, Deus enviou aos nossos corações o Espírito de seu Filho, que clama: Aba, Pai. Assim que não és mais servo, mas filho; e, se é filho, és também herdeiro de Deus por Cristo. (Gálatas 4:6-7)

Apesar de sermos criação de Deus, nem todos são filhos espirituais do Pai, em razão do pecado. "Entre os quais todos nós também, antes, andávamos nos desejos da nossa carne, fazendo a vontade da carne e dos pensamentos; e éramos por natureza filhos da ira, como os outros também" (Efésios 2:3).

Nem todos podem se intitular como filhos de Deus. O próprio Jesus fala sobre isso quando alguns judeus, que não acreditavam em Suas palavras, disseram que Deus também era Pai deles. "[...] Disseram-lhe, pois: Nós não somos nascidos de prostituição; temos um Pai, que é Deus. Disse-lhes, pois, Jesus: Se Deus fosse o vosso Pai, certamente, me amaríeis, pois que eu saí e vim de Deus; não vim de mim mesmo, mas ele me enviou" (João 8:41-42).

E Cristo também diz que aquele que não crê nEle morrerá em seu pecado: "Eu lhes disse que vocês morrerão em seus pecados. Se vocês não crerem que Eu sou, de fato morrerão em seus pecados" (João 8:24, NVI). Assim, somente quem recebe a Cristo pode ser chamado de filho de Deus. "Mas a todos quantos o receberam deu-lhes o poder de serem chamados filhos de Deus: aos que creem no seu nome" (João 1:12).

O Apóstolo João fala brilhantemente sobre a possibilidade de sermos chamados de filhos quando lutamos todos os dias para nos manter longe do pecado:

Vejam como é grande o amor que o Pai nos concedeu: sermos chamados filhos de Deus, o que de fato somos! Por isso o mundo não nos conhece, porque não o conheceu. Amados, agora somos filhos de Deus, e ainda não se manifestou o que havemos de ser, mas sabemos que, quando ele se manifestar, seremos semelhantes a ele, pois o veremos como ele é. Todo aquele que nele tem essa esperança purifica-se a si mesmo, assim como ele é puro. Todo aquele que pratica o pecado transgride a Lei; de fato, o pecado é a transgressão da Lei. Vocês sabem que ele se manifestou para tirar os nossos pecados, e nele não há pecado. Todo aquele que nele permanece não está no pecado. Todo aquele que está no pecado não o viu nem o conheceu.

Filhinhos, não deixem que ninguém os engane, Aquele que pratica a justiça é justo, assim como ele é justo. Aquele que pratica o pecado é do Diabo, porque o Diabo vem pecando desde o princípio. Para isso o filho de Deus se manifestou: para destruir as obras do Diabo. Todo aquele que é nascido de Deus não pratica o pecado, porque a semente de Deus permanece nele; ele não pode estar no pecado, porque é nascido de Deus. Desta forma sabemos quem são os filhos de Deus e quem são os filhos do Diabo: quem não pratica a justiça não procede de Deus, tampouco quem não ama seu irmão. (1 João 3:1-10)

Sendo filhos, também somos herdeiros. E o que constitui tal herança? Trata-se de uma "herança incorruptível, incontaminável e que se não pode murchar, guardada no céu para nós" (1 Pedro 1:4), com a abrangência de um novo nome (Apocalipse 3:12), a honra de se assentar com Cristo em Seu trono (Apocalipse 3:21), a possibilidade de reinar com Ele (Apocalipse 20:4), e uma vida eterna sem dor, lágrimas, pranto ou qualquer sofrimento (João 3:16 e Apocalipse 21:4).

INTERPRETAÇÕES HUMANAS SOBRE DEUS

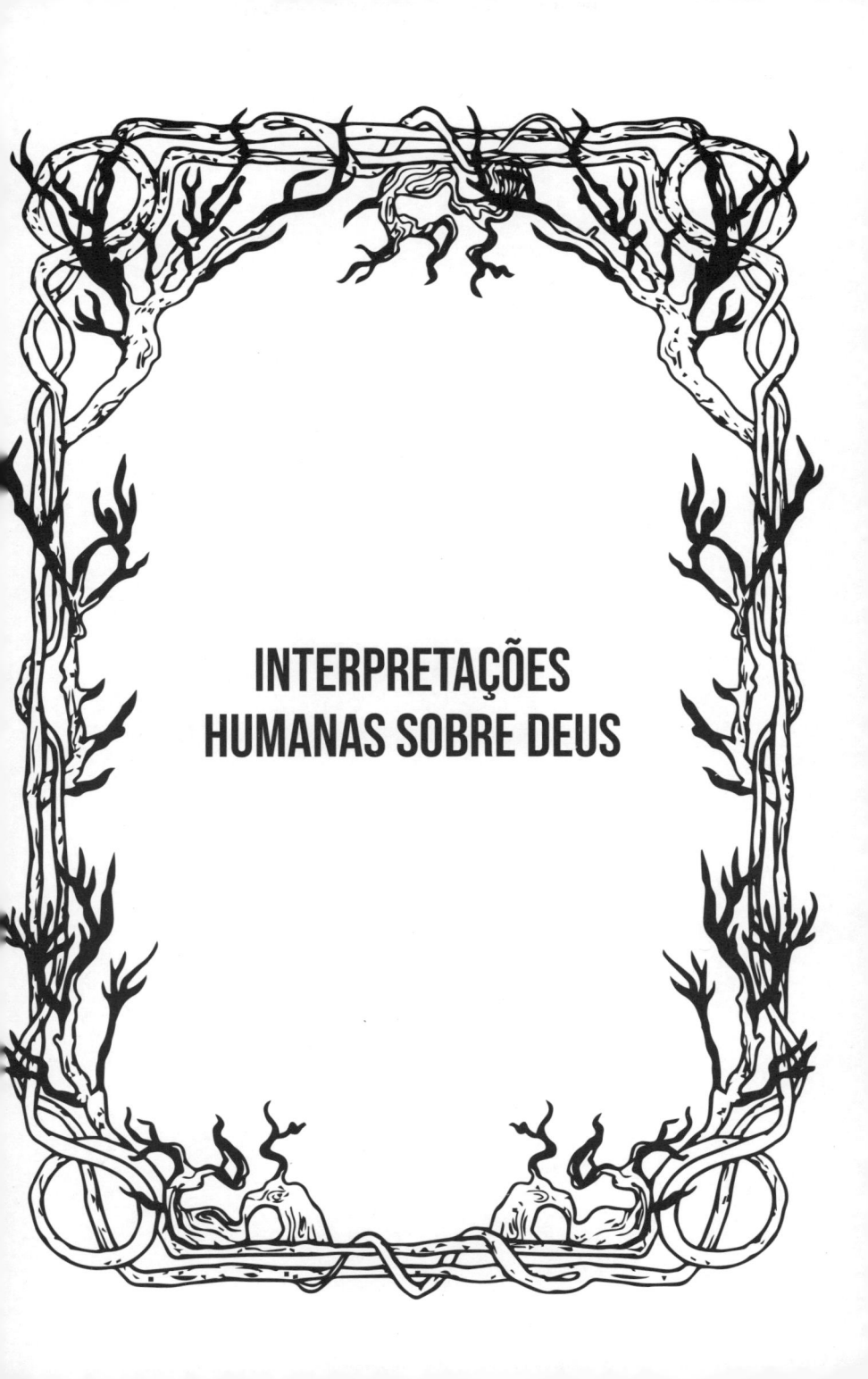

Como mencionado anteriormente, algumas pessoas têm uma imagem distorcida da figura de um pai e, por consequência, relacionam essa imagem traumática à figura paterna de Deus. Elas geralmente o imaginam a partir de suas próprias experiências negativas ou de uma leitura superficial da Bíblia. Pensam, por exemplo, que o Pai, ao contrário do Filho, é exigente, inflexível, vingativo, distante e não está interessado em nosso bem-estar; que haveria um Deus do antigo e um Deus do novo testamento. Mas será que o Pai celestial é mesmo desse jeito?

Ninguém jamais viu Deus, nem tirou uma fotografia dele, mas pelo que a Bíblia apresenta em ambos os testamentos, podemos saber que Deus, além de justo, é misericordioso e bondoso. Ele vai ao extremo para demonstrar o seu amor por cada um de nós. Veja como ele se apresentou a Moisés: "Eterno, Eterno, Deus de misericórdia e graça, de paciência que não tem fim, de tanto amor e de fidelidade tão profunda, leal em amor por mil gerações, que perdoa a iniquidade, a rebelião e o pecado" (Êxodo 34:6 e 7).

Deus-Pai sempre esteve altamente interessado em cada um de nós. Nas páginas do antigo testamento, Ele é mostrado como alguém que criou o ser humano parecido com Ele. "E disse Deus: Façamos o homem à nossa imagem, conforme a nossa semelhança [...]" (Gênesis 1:26). E quando o pecado entrou no mundo, este mesmo Deus decidiu oferecer o Seu Filho único para salvar a humanidade. "Porque Deus amou o mundo de tal maneira que deu o seu Filho unigênito, para que todo aquele que nele crê não pereça, mas tenha a vida eterna (João 3:16)". Em outra versão:

> Deus amou tanto o mundo que deu
> seu Filho, seu único filho, pela se-

guinte razão: para que ninguém precise ser condenado; para que todos, crendo nele, possam ter vida plena e eterna. Deus não se deu ao trabalho de enviar seu Filho apenas para apontar um dedo acusador e dizer à humanidade como ela é má. Ele veio para ajudar, para pôr o mundo nos eixos outra vez. Quem confiar nele será absolvido, mas quem não confiar terá sobre si, sem o saber, uma sentença de condenação. E por quê? Porque não foi capaz de crer no único Filho de Deus quando este lhe foi apresentado. (João 3:16-18, Bíblia de estudo *A Mensagem*)

Pode ser que você esteja se questionando sobre a última parte da citação ante o pluralismo religioso existente em nossa sociedade. O Deus da Bíblia se apresenta como o único Deus que há, e os demais deuses não são capazes de salvar a humanidade, motivo pelo qual não há razão para correr atrás de ídolos. Deus é cavalheiro, Ele nos dá a liberdade para escolher crer nEle e servi-Lo.

Vamos raciocinar, entretanto, como uma pessoa que não aceita a Bíblia. Ele não é um namorado possessivo que diz que se você não o escolher não poderá escolher ninguém, não é assim. Como Deus é o criador de tudo o que existe, só Ele pode conceder a vida. Então, quando Ele diz "Filhinhos, me aceitem porque se não vocês vão se perder", não é o mesmo que ocorre com o namorado possessivo. Seria mais ou menos como se a água dissesse para o peixe: "Fique em mim, peixe, porque se não você vai se lascar". Quando a água fala assim, não é porque a água é possessiva, é porque não é possível que o peixe viva fora dela. Então, quando Deus nos fala para viver nEle é porque Ele nos ama.

De acordo com a Bíblia, Deus ainda fez um pacto especial com os israelitas, libertou-os da escravidão do Egito[22], e veio morar com eles no tabernáculo, que seria uma tenda móvel chamada de

---

22. Referência a Êxodo 3:7-22 e Êxodo 12:37-51.

Santuário[23]. Em Cristo, Deus-Pai também sofreu, e de certa forma morreu por nós, pois sentiu a dor de Seu filho e a angústia por toda a humanidade.

Jesus nos apresentou o quadro mais real de Deus-Pai ao amar, perdoar e curar pessoas, mas a sua morte na cruz em favor da raça humana foi a maior demonstração de amor que alguém poderia registrar. Tudo de bonito que você sabe a respeito de Jesus também se aplica igualmente ao Espírito e ao Pai. Quem vê a mim, disse Jesus, vê o Pai.

Deus-Pai deve ser entendido como um ser perfeito e ideal, aquele que nos ama, e aquele que também provê toda a necessidade que cada um de nós tem ao longo de nossa existência. Acontece, porém, que, como seres finitos, presos no tempo e no espaço, de certo modo, somos cegos para saber realmente quem Deus é ou pelo menos como Ele é. Mas graças à revelação geral da natureza, a nossa mente pode chegar até a conclusão de que Ele existe. E com uma revelação mais especial, aquela da Bíblia e de Jesus, podemos dizer

---

23. Êxodo 25-27 e 30.

quem Ele é. Essa é a revelação, a encarnação de Deus entre os homens na pessoa de Jesus Cristo.

E por que Deus se revela? Porque Ele não quer ser só um conhecido, Ele quer intimidade com o homem e a mulher, Ele quer ser nosso amigo. Deus não quer que o conheçamos do mesmo jeito que conhecemos um artista, apenas pelas redes sociais, por um show, ou por alguns segundos presencialmente; Ele quer ter comunhão conosco, quer que possamos confiar no seu amor e em sua verdadeira amizade.

Quem é Deus?

Quando ouvimos uma música, podemos caracterizá-la a partir do seu estilo, analisar a sua letra, dizer se ela nos agrega valor ou não, bem como identificar o seu intérprete caso ele seja conhecido. Sem que alguém nos diga, entretanto, dificilmente saberemos quem é o seu autor, apesar de ter a certeza de que há alguém por trás da criação. O especialista em música clássica, por outro lado, mesmo sem ter 100% de certeza, tem mais chances do que nós de indicar e acertar se a música foi criada por Bach, Chopin ou Beethoven. Em que pese não sermos especialistas, nada nos impede, porém, de tentarmos adivinhar quem é o criador da música por meio de características nela deixadas.

Algo semelhante acontece com a figura de Deus. Pela simples lógica, é possível pensar quem Ele deveria ser. E a natureza, as escrituras sagradas, Jesus e o Espírito Santo, como indicado ao longo do livro, são os "manuais" de consulta para verificar se Ele é ou não o que pensamos a respeito Dele. E o mais interessante é que mesmo você não sendo um teólogo, pode encontrar respostas para as suas inferências na Bíblia Sagrada.

Um ser que cria o tempo e o espaço, por exemplo, não coaduna com uma natureza comum, Ele precisa ser sobrenatural. E as escrituras confirmam essa caraterística Dele ao dizer que, no princípio, em primeiro lugar, Ele criou os céus e a Terra, e depois seguiu criando a luz, as águas, a terra, a flora, a fauna e o ser humano (Gênesis 1). "E ele é antes de todas as coisas, e todas as coisas subsistem por ele" (Colossenses 1:17). Seres comuns não têm a capacidade de criar um sistema tão ornamentado e impressionante.

Para criar algo tão grandioso, logicamente, o ser que o cria precisa ser excessivamente poderoso. E sobre isso reflete o profeta Jeremias: "Ah! Soberano Senhor, tu fizeste os céus e a terra pelo teu grande poder e por teu braço estendido. Nada é difícil para ti" (Jeremias 32:17, NVI). Além de ser caracterizado pelo profeta, o próprio Deus se apresentou ao patriarca Abraão como o Deus todo-poderoso, o Deus Forte (Gênesis 17:1).

Se Ele é um Deus que existiu antes de tudo o que conhecemos, que criou o tempo e que continua existindo, Ele precisa ser eterno, autoexistente e imutável. E o que a Bíblia fala sobre isso? "Antes que os montes nascessem, ou que tu formasses a terra e o mundo, sim, de eternidade a eternidade, tu és Deus" (Salmos 90:2); e "Porque eu, o Senhor, não mudo; por isso, vós, ó filhos de Jacó, não sois consumidos" (Malaquias 3:6).

Se Deus esteve no passado, está agora e continuará no futuro, é necessário que Ele seja onipresente e que não esteja limitado ao tempo ou ao espaço, bem como que seja infinito. Para confirmar tal caraterística, Davi questionou:

Para onde poderia eu escapar do teu Espírito? Para onde poderia fugir da tua presença? Se eu subir aos céus, lá estás; se eu fizer a minha cama na sepultura, também lá estás. Se eu subir com as asas da alvorada e morar na extremidade do mar, mesmo ali a tua mão direita me guiará e me susterá. (Salmos 139:7-9, NVI)

Salomão, filho de Davi, com toda a sua sabedoria, acrescentou: "Os olhos do Senhor estão em todo lugar, contemplando os maus e os bons" (Provérbios 15:3). Jesus também demonstra a onipresença de Deus ao dizer para orarmos em um lugar secreto, que Deus ouvirá: "Mas quando você orar, vá para seu quarto, feche a porta e ore a seu Pai, que está em secreto. Então seu Pai, que vê em secreto, o recompensará" (Mateus 6:5, NVI).

Para criar todas as coisas e mantê-las em ordem, conhecendo-as singularmente, é necessário que Deus também seja inteligente. E por isso a

Bíblia diz: "Ele determina o número de estrelas e chama cada uma pelo nome. Grande é o nosso Soberano e tremendo é o seu poder" (Salmos 147:4-5).

A partir da ideia de que Ele criou o ser humano e que se relaciona continuamente com a humanidade, Deus precisa ser pessoal. E há diversas passagens bíblicas que mostram o Criador conversando com a criatura, como: "E chamou Deus a Adão e disse-lhe: Onde estás?" (Gênesis 3:9).

E para criar todas as coisas, é preciso que o Criador tenha um propósito. "Tudo que tem fôlego louve ao Senhor" (Salmos 150:6). Ele criou os seres para que possam louvá-lo. Ele nos criou para que pudéssemos ter um relacionamento verdadeiro com Ele:

> Porque eu bem sei os pensamentos que penso de vós; diz o Senhor; pensamentos de paz e não de mal, para vos dar o fim que espereis. Então, me invocareis, e ireis, e orareis a mim, e eu vos ouvirei. E buscar-me-eis e me achareis quando me

buscardes de todo o vosso coração.

(Jeremias 29:11-13)

A totalidade de Deus está, é claro, além de nossos horizontes. Com a nossa mente finita, não podemos compreender o infinito nem todo o ser de Deus em sua grande dimensão. Soma-se a isto o fato de que o pecado não permite que nós, seres humanos, tenhamos uma experiência direta com o divino. É por essa razão que o Espírito Santo se manifesta, muitas vezes, por meio de símbolos. No estudo da trindade, portanto, temos a revelação de um Deus de amor, que nos cria, nos salva e nos ampara.

O VAZIO DA ALMA

O VAZIO DA ALMA

Você já notou que muitas vezes parecemos encontrar satisfação apenas nos nossos anseios, mas não na realização deles? As pessoas, às vezes, parecem desejar, sonhar, ter ilusões, mas quando alcançam tudo o que sonharam, ficam entediadas. Assim que alcançam tudo o que supostamente já as completa, não há mais espaço para o desejo e a projeção. E assim elas se frustram. Como dizia o filósofo Arthur Schopenhauer: "A vida se torna uma constante oscilação entre a ânsia de ter e o tédio de possuir"[24]. Parece que a felicidade está sempre onde nós não estamos. Estamos aqui, sentimos falta de lá, estamos lá, sentimos falta daqui.

---

24. A frase é atribuída ao autor e difundida em sites como: https://www.pensador.com/frase/Mjc2MTk1MA/.

O sentimento de insatisfação foi muito bem ilustrado em uma obra de ficção escrita em 1925, pelo autor americano Scott Fitzgerald, denominada de *O Grande Gatsby*. Ela conta a tragédia de um homem que se enriqueceu pela vida de crimes e percebeu que o dinheiro e a fortuna que ele tinha não traziam a realização que ele tanto ansiava. E em uma de suas falas, o personagem principal, o senhor Gatsby, olha frustrado pela janela de sua mansão; e o narrador então comenta:

> Gatsby acreditou na luz verde, no orgiástico futuro, que ano após ano se afastava de nós. Esse futuro nos iludira, mas não importava: amanhã correremos mais depressa, estenderemos mais os braços... e, uma bela manhã... e assim prosseguimos, botes contra a corrente, impelidos incessantemente para o passado[25].

---

25. FITZGERALD, F. S. **O grande Gatsby**. Tradução de Brenno Silveira. Record/Altaya.

E da ficção para a realidade, assim é com muitos que se tornam infelizes de tanto quererem ser felizes. Por que, afinal de contas, nós seres humanos somos assim?

Platão dizia que nós só amamos aquilo que desejamos, e nós só desejamos aquilo que nos falta. Parece que mesmo na época desse conhecido filósofo grego, em que não havia nenhum dos elementos de estresse da atualidade, os gregos já tinham um sentimento de vazio tão devastador que perdura até os nossos dias; e ele está enraizado fortemente em cada um de nós.

É uma constante insatisfação com a vida. Mesmo aqueles mais otimistas, que se consideram verdadeiramente felizes, poderão concordar comigo que até a sensação que temos de felicidade, diante de alguns bons momentos da vida, vem minada por um sentimento de tristeza. Tristeza porque aquilo é bom, mas logo vai passar.

Imagine a mãe que gerou o filho, sofreu com as dores do parto e com a amamentação, acompanhou as primeiras palavras, os primeiros passos, guiou no primeiro dia na escola, viu crescendo, criou, amou e zelou; quando o filho casa e vai morar longe, mesmo sabendo que ele está bem, mesmo estando amplamente feliz com a realização de uma nova jornada, ela se sente triste com a separação.

E a saudade daquele ente querido que a morte levou? Apesar dos momentos felizes vivenciados, todas as memórias guardadas, há a saudade e a dor pela perda. Às vezes temos um anseio, uma sensação de que se pudéssemos agarrar os momentos felizes, tornando-os algo eterno, fazendo-os durar para sempre, sem a perda da sensação que trouxeram... aaaah, aí sim seria muito bom, não é mesmo?

Agora, na realidade, mesmo a sensação que temos de felicidade é paradoxalmente um sentimento que precisa de desconforto para ter sentido, pois a felicidade sempre vem alojada em um sentimento de desconforto. Observemos os exemplos:

Quando é que a comida está mais gostosa? Não é quando estamos com muita fome?

Quando é que o lazer e o descanso se tornam mais prazerosos? Não é quando estamos cansados?

Olhando por essa lógica, parece que a felicidade e a alegria se traduzem em sensações de alívio mais do em um real e permanente bem-estar. É até difícil para nós imaginar um ambiente de felicidade completa, absoluta e eterna; uma terra de prazeres alimentícios sem a experiência da fome; uma terra de descanso aprazível sem a experiência do cansaço; uma terra onde todos são servidos, mas ninguém é servo; onde todos estão sempre juntos, e mesmo assim têm o prazer de matar a saudade.

O estranho é que parece ser esse tipo de universo paradoxal e inimaginável aquilo, em um contexto surreal, que a nossa alma tanto anseia, tanto deseja. E para coroar essa sensação de insatisfação, vem aí a maior certeza de todas, a realidade constante da morte, o inimigo terrível com o qual temos, infelizmente, que conviver.

Podemos eliminar diversas coisas de nossa vida, mas não podemos eliminar a nossa própria morte. Podemos até adiá-la, mas nunca impedir o encontro inevitável com ela, que dia após dia se torna cada vez mais próximo de nós.

O poeta Dylan Thomas definiu pesadamente o nascimento como o início de nossa morte[26], ao que o cineasta Woody Allen tentou suavizar com ironia, dizendo: "Não tenho medo de morrer. Só não quero estar lá quando isso acontecer"[27]. Seria engraçado se não fosse trágico. Dizem que a morte é a única estatística que não admite margem de erro. Cem por cento dos que nascem um dia vão morrer.

O mais interessante é que entre essa constante busca por uma realização que nunca se completa e a morte que nos aguarda existe ainda outro sentimento que merece ser mencionado, o sentimento de "Qual o sentido da vida?".

Qual é o significado de tudo isto? Em 1941, Albert Camus escreveu o famoso ensaio filosófico *O mito de Sísifo*[28], que introduz o que ele chama de filosofia do absurdo. Ali, Camus mostra o paradoxo do ser humano em busca de sentido, de

---

26. THOMAS, Dylan. **Deaths and Entrances**. Littlehampton Book Services Ltd; New edition (1º abril de 1968).

27. A frase é atribuída ao autor e difundida em sites como: https://www.pensador.com/frase/NzE0/.

28. CAMUS, Albert. **O mito de Sísifo**. Rio de Janeiro: Record, 2010.

unidade, de coerência e de clareza em um mundo incompreensível, desprovido de Deus e de certeza de eternidade.

Camus era ateu, ou pelo menos agnóstico. É difícil precisar qual era o seu pensamento a respeito disso e como ele mudou com o passar dos anos; mas o fato é que ele merece ser ouvido, porque, em primeiro lugar, não se trata de um homem comum, e sim de uma mente brilhante. Camus foi o ganhador do prêmio Nobel de Literatura de 1957 e autor de livros consagrados.

Além disso, o fato de Camus não seguir uma crença religiosa definida ou de estar mais para o lado do agnosticismo e do ateísmo é interessante para um estudo de caso. Sabe por quê? Porque ele, mesmo sem ser religioso, percebeu sem a presença de Deus a sede e fome existenciais que o ser humano tem por algo que seja divino. Um crente que nunca teve problemas com a sua fé talvez não perceberia isso tão facilmente ou de modo tão pessoal como Camus percebeu.

Explicarei com calma. Para um descrente, a certeza ou a possibilidade de que não haja Deus, nem qualquer outro tipo de vida senão esta que vivemos, aumenta a percepção de angústia existencial, porque ele sabe que anseia algo que não está lá. Ele está com muita fome, mas se convenceu de que o pãozinho de degustação é tudo o que ele terá para forrar o seu estômago, pois não virá nenhum prato depois disso.

O crente, por sua vez, é diferente. Ele vive com a segurança de que um banquete será servido, de que o consumo da degustação é apenas um incentivo para abrir ainda mais o seu apetite. Eu sei que a comparação pode parecer simplória, mas ela tem apenas o objetivo de ilustrar o que foi percebido não só por Camus, mas por vários outros autores ateus e agnósticos.

O interessante é que Camus supostamente teve vários diálogos com o pastor Howard Mumma, ministro da Igreja Americana de Paris nos anos 1950, sobre questões existenciais, inclusive a fé em Deus. Muitas dúvidas foram levantadas sobre a autenticidade das palavras de Camus, algumas têm fundamento e conteúdo, em grande parte, aceitos pelos especialistas nele, outras nem tanto. Um conhecido livro contendo os diálogos de ambos foi publicado e merece ser lido. Ele é denominado de *Albert Camus e o teólogo*[29]. De acordo com a obra, veja que admissão interessante teria feito Camus em uma conversa com o referido teólogo:

> Estou quase em uma peregrinação, buscando algo para preencher o vazio que estou experimentando, e ninguém sabe [...]. Desde que comecei a ler a Bíblia, sinto que existe alguma coisa, não sei se é pessoal ou se é uma grande ideia ou influência poderosa, mas existe algo que pode trazer novo significado a minha vida. Eu certamente não tenho esse algo, mas ele está lá. Nas manhãs de domingo, ouço que a resposta é Deus.

Mesmo quem duvida da originalidade dessas palavras, isto é, se foram mesmo ditas por Camus,

---

29. MUMMA, Howard. **Albert Camus e o teólogo**. São Paulo: Carrenho, 2002.

deve admitir a lógica existencial por detrás delas. Veja se não é justamente para preencher esse vazio que as pessoas correm desesperadamente em busca de fama, realização, reconhecimento e afeto. E o que é mais interessante, elas continuam correndo mesmo depois de supostamente terem encontrado tudo isso.

Talvez seja essa a razão por que tantos artistas e tantas pessoas que se tornaram pop stars mergulham de cabeça no mundo das drogas e da depressão. Como admitiu certa vez o cantor John Lennon: "As drogas me deram asas para voar, depois me tiraram o céu[30]". É como dizia um velho provérbio chinês: Barulho por fora, vazio por dentro. Qual seria, portanto, a lógica por detrás dessa carência na existência humana? Existe alguma explicação satisfatória que supere a mera negação do ateísmo?

O vazio existencial é uma realidade admitida até por aqueles que não têm fé em Deus. A questão do debate não é se somos ou não carentes, e sim por que somos carentes e como solucionar isso, como preencher verdadeiramente esse vazio que todos

---

30. A frase é atribuída ao autor e difundida em sites como: https://www.pensador.com/frase/MTA1NTMzOQ/.

nós temos. O escritor Mark Twain, crítico ácido da religião, afirmou que os dois dias mais importantes da vida de um indivíduo seriam o do nascimento e o da descoberta de significado[31]. Se ao morrer ele mesmo descobriu esse significado eu não sei dizer, mas muitos morrem tentando, isto é fato.

Veja o caso do escritor C.S. Lewis. Professor consagrado de Cambridge e Oxford, Lewis era um ateu convicto na juventude, que percebeu o vazio no interior de sua alma. Ele escreveu: "Eu descobri em mim mesmo desejos os quais nada nesta Terra pode satisfazer. A única explicação é que fui feito para outro mundo[32]". Essa é uma observação muito interessante, e acredito que vale a pena refletir sobre ela.

Pense nos pombos-correios, que, quando soltos, sempre voltam para as suas casas. O código genético desses animais parece ser programado para saber que ali não é o seu lar. Por isso, eles sempre querem voltar instintivamente para o lugar de sua

---

[31]. A frase é atribuída ao autor e difundida em sites como: https://www.pensador.com/frase/MTA1ODI4MQ/.

[32]. LEWIS, C.S. **Surpreendido pela alegria**. Thomas Nelson Brasil, 2021.

origem. Igualmente nós, independente da filosofia de vida que adotamos, sabemos instintivamente que leucemia e criança não combinam em uma mesma frase, que o sofrimento e a morte são coisas a serem evitadas, e que a felicidade eterna é algo a ser perseguido.

Assim, vivendo em um mundo cheio de dor, maldades e crimes, todos os dias temos instintivamente a mesma sensação dos pombos-correios, ou seja, alguma coisa em nosso DNA, em nosso instinto humano, ou mesmo em nosso inconsciente parece indicar que fomos programados para buscar algo que não está nesta realidade em que vivemos. Inclusive, no DNA de todas as mais diferentes culturas que até hoje foram mapeadas pela antropologia há o registro da busca por uma atividade sagrada, independentemente de qual seja[33].

Podemos, é claro, experimentar momentos de êxtase, alegria e realização, mas não é dessas coisas que estou falando. Falo de algo eterno, sem fim, pleno. E lembrando-me da juventude,

---

33. THOMAS, Kelly. Consensus Gentium: Reflections on the "Common Consent" Argument for the Existence of God, in Clark and VanArragon (eds.). **Evidence and Religious Belief**. Oxford University Press, 2011, p. 167-196.

dos bons momentos e até mesmo da vida que um dia nos deixará, não posso supor que essas coisas agradáveis, essas experiências terrenas, sejam aquilo que saciará a nossa sede existencial.

Viktor Frankl[34], fundador da terceira escola de psicanálise de Viena, definiu isso como a presença ignorada de Deus. Em síntese, ele afirmava que toda a busca humana por um sentido da vida e todo vazio interior que vez ou outra sentimos são nada menos que o reflexo de uma carência de Deus que manifestamos entre atos cotidianos. Para ele, por exemplo, os famosos diálogos que todos temos com nós mesmos são uma demonstração desse vazio. A gramática chama isso de solilóquio, falar de si para si.

"Por que estás abatida, ó minha alma, e por que te perturbas em mim? Espera em Deus, pois ainda o louvarei na salvação da sua presença" (Salmos 42:5). A expressão do salmista consiste em um dos exemplos do solilóquio, visto que reconhece o estado da alma, bem como quem consegue preenchê-la.

---

34. FRANKL, Viktor. **A presença ignorada de Deus**. Petrópolis: Vozes/São Leopoldo: Sinodal, 1988.

Quem nunca se pegou conversando sozinho, criando uma história em sua mente, resmungando em frente ao espelho ou fazendo uma reclamação solitária? Sempre que falamos sozinhos, ou cada um consigo mesmo, agimos como se houvesse outra pessoa dentro de nós, e é com ela que conversamos.

Ora, e o que seria isso senão uma carência instintiva de um Deus interior? Frankl dizia que nessas horas Deus é o parceiro de nossas mais íntimas conversas, nos mais íntimos diálogos que temos cada um com nós mesmos. Assim, o que é denominado pela gramática como solilóquio, para o doutor é uma oração inconsciente.

Dostoiévski, um dos mais respeitados escritores russos do século XIX, disse que a grande prova da nossa carência de Deus reside no fato de que, mesmo com tantas tragédias e questionamentos, a humanidade nunca para de manifestar uma busca pelo divino[35]. E a afirmação do autor é verdadeira. Observe, por exemplo, a postura dos judeus após o holocausto nazista, a tragédia que matou mais de seis milhões de pessoas. Se a necessidade

---

35. DOSTOIÉVSKI, Fiódor. **Os irmãos Karamázov**. Edição em português. Martin Claret.

religiosa não fosse algo tão forte, tão intrínseco no coração humano, bastaria a morte de uma criança inocente e todos os judeus parariam de acreditar em Deus. O que aconteceu, porém, foi exatamente o contrário, visto que muitos sobreviventes da guerra, se não a maioria deles, ainda buscavam em Deus o consolo; e chegavam a dizer que o sofrimento fez-lhes aumentar ainda mais o zelo pelas coisas religiosas.

Embora seja um erro crasso chamar Albert Einstein de religioso, pelo menos é possível dizer que ele também admitiu uma busca universal pelo sentido da vida, pois, segundo o cientista, encontrar a resposta para essa busca significa ser essencialmente religioso[36]. Sei que caso haja no universo de Einstein um espaço para algo que se chama Deus, este seria configurado mais no modelo de Spinoza, que se traduziria em um Deus naturalista e distante, perto da proposta do deísmo. Contudo, o ponto aqui é outro, até mesmo Albert Einstein admitiu essa carência humana pelo sentido da vida, e o traduziu como sinônimo de religiosidade.

---

36. Referência à frase de Einstein disponível em: https://www.pensador.com/frase/MTM4MzA5MQ/.

O que posso dizer para você, sem sombra de dúvidas, é que o ser humano em todas as épocas, em todos os lugares, sempre se perguntou pelo sentido da vida. O idioma e a cultura podem moldar o formato do questionamento, mas ele está ali, presente no âmago, na essência de cada cultura humana.

> [...] Já na Antiguidade os gnósticos viam a sabedoria na resposta à tríplice pergunta: Quem somos? De onde viemos? Para onde vamos? Mas talvez o homem moderno seja mais perseguido pelas mesmas perguntas fundamentais. Apesar de no cotidiano ser cercado pelas solicitações inúmeras de sua sobrevivência e da busca de satisfações prazerosas, a vida lhe reservará momentos em que não pode fugir da pergunta existencial profunda do sentido da vida, tais como a morte, doenças graves, fracassos ou momentos em profunda alegria e felicidade [...][37].

---

37. LIBÂNIO, J. B. **Teologia da Revelação a partir da Modernidade**. São Paulo: Loyola, 1992, p. 169.

A ânsia humana pela retenção da história, para que momentos significativos não sejam dissolvidos, levanta a questão do porquê da vida; ela nos faz perguntar pelo sentido da transitoriedade desses instantes que são tão bons, pena que acabam. É como Chico Anysio certa vez expressou em uma entrevista: "Não tenho medo de morrer, tenho pena"[38].

Segundo a análise de vários filósofos, psicólogos, teólogos e demais pensadores, essa sede de felicidade eterna também é uma expressão de nossa carência de Deus. O nosso coração busca constantemente relacionamento com um ser que dure para sempre, sem jamais sofrer um final abrupto. A nossa fuga da morte também nos lembra de que o desejo de viver é compatível com a esperança de se ter vida eterna. E essa esperança não é apenas dos que creem em Deus.

Mesmo o mais confiante dos ateus não consegue se imaginar morto e faz de tudo para prolongar a sua vida nesta existência. Diante de uma doença de câncer, até o ateu desejará ter

---

38. Entrevista concedida ao programa Fantástico, pertencente à Rede Globo, em 28 de agosto de 2011.

um pensamento positivo e acreditar que ele fará parte daqueles que vencem a doença por meio do tratamento. Ninguém, em sã consciência, quer morrer.

Para muitos intelectuais de hoje em dia, talvez Deus tenha se tornado o mais obsoleto de todos os pensamentos. Eles não tocam no assunto a não ser para lembrar os que o ouvem da necessidade de superar o que eles chamam de crendice religiosa. Contudo, de um modo ou de outro, parecem ecoar o que o foi dito pelo poeta João Cabral depois de ter se tornado ateu, que havia perdido a fé no céu, mas que ainda nutria medo do inferno[39].

O interessante é que muitos nutrem o medo do céu e do inferno, do primeiro porque lá não haverá as baladas e os vícios de que tanto gostam, e do segundo por ser a confirmação de seu maior medo, a morte. São pessoas que se denominam céticas e materialistas, mas que ainda assim assobiam no escuro para se sentirem acompanhadas e espantarem o medo de uma surpresa desagradável, mesmo sabendo que não há qual-

---

[39]. Entrevista disponível em: https://fonte83.com.br/fonte83-resgata-entrevista-com-o-poeta-joao-cabral-de-melo-neto-confira/.

quer experimento científico que afirme a eficácia dessa prática.

Em momentos de lucidez, quando não estava sob o efeito de drogas psicodélicas, o intelectual antirreligioso Aldous Huxley, autor do livro *Admirável mundo novo*, Frankl admitia que a soma de tudo o que escrevera era que existe um vazio com a forma de Deus no coração das pessoas[40]. A tragédia humana consiste justamente no fato de negar esse vazio ou tentar preenchê-lo com outra coisa que não seja Deus.

Há muitas pessoas que tentam vencer a carência existencial preenchendo-a com coisas que, embora boas, jamais deveriam ocupar o lugar do divino. Insistem tanto para alcançar o que idealizam preencher, o vazio da alma, que em certo momento chegam a dizer: sexo, dinheiro, fama e tudo o mais que alguém sonha em ter, eu tenho, porém não consigo ter paz comigo.

Por causa do referido sentimento, muitos cantores e artistas deram fim às suas vidas com

---

40. Huxley, Aldous. **Admirável mundo novo**. Biblioteca Azul, 2014.

suicídio ou com uma overdose em um hotel de luxo. Eles tinham tudo o que alguém podia sonhar, contudo a alma não ansiava por essas coisas, mas sim por Deus.

Uma das mais famosas passagens de Santo Agostinho é a clássica afirmação de fé: "Tu mesmo que incitas ao deleite no teu louvor, porque nos fizeste para ti, e nosso coração estará inquieto enquanto não encontrar descanso em ti[41]". Karl Rahner[42], famoso teólogo do século XX, dando um colorido à máxima apresentada perguntou: "Afinal, por que o coração se encontra inquieto?" De acordo com o teólogo, isso seria um sinal de que somos seres que têm uma necessidade ontológica de buscar o ser supremo de Deus. Já nascemos abertos para o transcendente, e provavelmente desde o útero já possuíamos uma pré-compreensão ou pelo menos carência pré-natal pelo infinito. Tecnicamente falando, essa reflexão de Karl Rahner recebeu o nome de existencial-sobrenatural; e com ela denomina-se em termos

---

41. Santo Agostinho – Confissões, 1, 1; Op. cit. AGOSTINHO, Santo. Sermones 131. 10, in **Obras completas de San Augustin**. 41 vols. Texto em espanhol e em latim baseado na edição Patrologia Latina. Madrid: Biblioteca de Autores Cristianos, 1946.

42. RAHNER, Karl. Los cristianos anónimos. In: **Escritos de Teología**. Madrid: Taurus, 1969, v. 6.

antropológicos a certeza, já mencionada, de que de fato há um vazio com forma de Deus no coração das pessoas.

A transcendência está atrelada à crença de que existe algo além do sistema em que estou inserido, mas em uma relação constante com ele. É aquilo que é real, mas que ultrapassa a explicação lógica ou formal da ciência. É uma busca constante por significado das coisas e dos momentos, que pode ser encontrada, por exemplo, com o nascimento de uma criança, bem como na criação de obras de artes, música, poesia e monumentos[43].

Se tem uma oração que até um ateu pode fazer é: Senhor, que tu exista! Porque se Deus realmente existir do modo como Ele se revela na Bíblia, ainda que eu esteja morto poderei viver. "[...] Eu sou a ressureição e a vida; quem crê em mim, ainda que esteja morto, viverá; e todo aquele que crê em mim nunca morrerá [...]" (João 11:25-26).

Apesar de Deus ser transcendente e sobrenatural, há momentos em que você quer ser abraçado

---

43. SILVA, Rodrigo. **O ceticismo da fé:** Deus: uma dúvida, uma certeza, uma distorção. Barueri: São Paulo, Ágape, 2018.

por Ele. Ele é tão grandioso, como eu posso abraçar o transcendente? Como a eternidade pode caber no meu coração? Veja o que eu descobri: Martinho Lutero disse que os homens usam máscaras para esconder o rosto deles; e que Deus é tão grandioso que Ele usa uma máscara para se revelar; porque a maneira de Deus se mostrar é se escondendo. E por que Deus faz isso? Porque Ele é tão grandioso em relação à nossa pequenez que sem uma adequação nunca poderíamos contemplá-Lo ou dialogar com Ele.

Deixe-me contar uma história para você entender. Certo homem tinha um aquário com água do mar, e toda vez que ia colocar a comida, os peixes fugiam dele. E por que eles fugiam? Porque ele era grande demais para os peixes. E o homem percebeu que só haveria um jeito para os peixes não fugirem, que era virar peixe e entrar no aquário[44]. Para o homem, seria impossível tornar-se peixe, porém para Jesus era possível tornar-se homem. E foi isso que ele fez, Ele se encarnou, Ele se fez carne e habitou no meio de nós, e nós vimos

---

44. YANCEY, Philip. **O Jesus que eu nunca sonhei**. São Paulo: Vida, 2001.

a Sua glória, a glória do unigênito do Pai (João 1:14). Então, Cristo é Deus em forma humana, de uma maneira que eu possa abraçá-lo. Paulo fala que Ele se esvaziou (Filipenses 2:7-8).

> Tentem pensar como Cristo Jesus pensava. Mesmo em condição de igualdade com Deus, Jesus nunca pensou em tirar proveito dessa condição, de modo algum. Quando sua hora chegou, ele deixou de lado os privilégios da divindade e assumiu a condição de escravo, tornando-se humano! E, depois disso, permaneceu humano. Foi sua hora de humilhação. Ele não exigiu privilégios especiais, mas viveu uma vida abnegada e obediente, tendo também uma morte abnegada e obediente – e da pior forma: a crucificação. (Filipenses 2:5-8, Bíblia de estudo *A Mensagem*)

Para aumentar a compreensão, pense em um proprietário de um veículo que deixa o seu bem em um estacionamento para andar a pé. Da mesma forma aconteceu com Cristo, Ele não perdeu a divindade ou os Seus poderes eternos, mas Ele deixou de lado a Sua glória, os Seus conhecimentos eternos e veio ao mundo viver como um de nós, sentir como um de nós e aprender como um de nós. Então, embora Ele ainda tenha toda a plenitude da divindade no corpo Dele, Ele é tátil. E Ele deixou as marcas Dele na história. E isso é estudado pela arqueologia. Ele foi lá, eu vejo as coisas, os lugares por onde Ele passou.

Pense um pouco mais: como o infinito conseguiu caber dentro do útero de uma mulher? Isso só é possível porque Jesus deixou a Sua glória no "estacionamento" para vir à Terra para estar sujeito ao que sentimos e para nos salvar.

E quando você se apega a essa fé que é racional, que não é crendice, ela entra na sua cabeça, pega a sua mente e o seu coração, e com tudo isso você ouve a voz que diz: "Filho, eu estou aqui. Eu te amo". E essa voz fica o tempo todo mostrando sinais.

Em um abraço de uma criança, uma gentileza de alguém ao servir uma água, no sorriso de um bebê ou em um pássaro cantando; Ele usa simples situações para mostrar o quanto somos amados.

A mente humana busca parâmetros. É o que acontece, por exemplo, quando você compra um carro e começa a ver vários carros do mesmo modelo na rua, parecendo que todos resolveram comprar o mesmo automóvel. De igual modo acontece quando estamos em comunhão com Deus, pois começamos a vê-lo agindo em todos os momentos.

Vou contar algo que aconteceu comigo. Passei por uma depressão e estava internado em uma clínica. A pior humilhação que você pode imaginar eu tive, pois cheguei a ser acompanhado por um ex--aluno meu do curso de teologia. E o que eu posso dizer é que, apesar das pessoas que me "fritaram", muitas pessoas me apoiaram. É na igreja que pessoas que sentem o vazio precisam ser amparadas, porque a igreja é hospital.

Eu tinha gatilhos para a depressão desde a infância, pois cresci vendo a minha mãe dormindo com um punhal debaixo do travesseiro para se defender do meu pai. Cresci em um ambiente totalmente desestruturado e acabei passando por problemas pessoais. E eu já era conhecido, então muitas pessoas falaram mal de mim sem realmente me entender. Cheguei a rejeitar comida e a ficar trancado em um quarto escuro, mas Deus não me abandonou.

Para você entender o cuidado de Deus, o Criador usou um amigo meu ateu, professor da Unicamp, para me dizer nesse período: "Eu não acredito em Deus, mas você acredita e Ele vai te ajudar". Deus estava comigo ali, mas eu estava anestesiado pela dor. Outro fato que aconteceu naquele período, mas que eu só fui saber depois, é que Deus falou para a psiquiatra que me acompanhou: "Cuida dele". Ela ouviu uma voz dizendo isso.

Durante o meu período de depressão, ali naquela clínica, eu não estava ateu, mas existe um sentimento pior que o ateísmo, que é o abandono. Quando você descobre que é órfão porque a sua mãe morreu no parto é diferente de quando descobre que ela está viva, mas que o jogou no lixo, e alguém o achou. Para mim Deus existia e Ele tinha me abandonado.

O que eu acreditava não condizia com a realidade, e Deus usou uma enfermeira para me mostrar isso. No momento em que pensei em fazer uma besteira, Ele incomodou uma profissional que cumpria plantão para ir em minha direção, perguntar-me se eu estava bem e dizer que Deus havia lhe dito que naquele momento eu precisava conversar com ela.

Pode parecer algo simples para você, mas eu sou cético demais para acreditar que se trata de uma coincidência. No momento em que eu me sentia abandonado, o Criador enviou alguém para me mostrar que sou amado e importante para Ele e a Sua obra.

O que posso dizer é que eu conheci o pintor da minha vida, aquele que deixa marcas de Seu caráter em mim, faz-me sentir amado todos os dias por meio do Seu cuidado com os mínimos detalhes, e que se revela continuamente aos que desejam conhecê-Lo. Aquele episódio me ajudou muito na terapia. Eu não imaginava que iria me reerguer, mas Ele me reergueu. Quem teve uma depressão profunda hoje conversa, conta piadas, dá risadas. Deus é tão real que dá para quase tocá-Lo. Tenha esperança, Deus existe. E Ele não só existe, Ele existe e nos ama.

E sabe o que é mais belo da mensagem cristã? É que também existe um vazio com forma de pessoa no coração de Deus, ou seja, Ele também nos busca, Ele também quer nos salvar, Ele quer dar sentido à nossa existência. Perceba o quão profundo é isso. Deus, um ser que não tem falta de nada, ao mesmo tempo tem saudade de nós, nos deseja e sofre quando não estamos com Ele.

Ele sabe de tudo, mas consegue caminhar conosco e conversar como se não soubesse a resposta de todas as perguntas feitas no universo. Não envolve uma relação fingida, porque Ele se fez homem, habitou na Terra e consegue entender tudo o que passamos cotidianamente. Assim, Ele abre mão de Sua onisciência – sem perdê-la – para poder ouvir de nós as nossas súplicas e inquietações.

Quer saber como é Deus? Olhe para Jesus e você verá a revelação máxima do Pai. A água que sacia a sede, o pão que mata a fome existencial, o carinho que dá sentido à nossa existência. O quadro mais real que temos de Deus-Pai foi apresentado por Jesus.

Naturalmente, muitos pais humanos são autoritários e maus, mas Deus deve ser entendido como um pai perfeito e real, aquele que ama o filho e provê tudo o que ele necessita. E se temos tal pai celestial, aquele que nos ama e nos perdoa, só permanece órfão quem quer permanecer órfão, pois todos nós podemos ser chamados filhos de Deus. Nós temos um pai celestial e podemos contar com Ele em todos os momentos de nossa vida.

ELE PREENCHE O MEU VAZIO, E AGORA?

VOCÊ JÁ PERCEBEU que somente Deus consegue preencher o vazio que há em nós, e que não é à toa que músicos e artistas escrevam sobre o vazio humano, como é o caso do cantor e compositor mexicano Jesús Adrián Romero em sua música *El Anhelo de Mi Voz:*

[...] Y cuando muere la tarde
Me recuerda el anhelo
Y el hambre profunda que siento por ti
Y cuando canta el bosque
Me invita a buscarte otra vez a ti

Eres lo que mi alma necessita
Lo que mi pasión incita
Lo que llena mi interior

Em tradução livre a canção diz o seguinte:

[...] E quando a tarde morre
Isso me lembra da saudade
E a fome profunda que sinto por você
E quando a floresta canta
Ela me convida a lhe procurar novamente

Você é o que a minha alma precisa
O que a minha paixão incita
O que enche o meu interior

A nossa alma procura constantemente por Deus, tanto é que o próprio significado da palavra alma demonstra isso. A Bíblia diz que o Senhor Deus formou "o homem do pó da terra e soprou em seus narizes o fôlego de vida; e o homem foi feito alma vivente" (Gênesis 2:7). Pela interpretação bíblica, é possível perceber que a alma é a junção do corpo, a matéria, com o fôlego de Deus, não havendo alma sem um dos dois. Além de não existirmos sem Deus, todos os dias, em todas as estações do ano, a cada ar que passa por nossos pulmões ansiamos por Ele.

Reconhecer tal fato é o primeiro passo de uma jornada de vida, pois além de entender que Deus preenche o nosso vazio, é preciso estabelecer um relacionamento com Ele. E o início do relacionamento com o Criador consiste em aceitar que Cristo, o único filho de Deus, se fez homem, habitou na Terra e morreu em uma cruz para lhe salvar da morte eterna que seria causada pelos seus pecados. É saber também que, ao reconhecer Jesus, os Seus milagres no mundo, bem como os Seus ensinamentos, você ganhou o direito de chamar Deus de Pai, e de ter uma comunhão direta com Ele, buscando-o em oração, na leitura bíblica, que é a palavra escrita deixada por Deus, e por meio do jejum.

Como já foi dito anteriormente, ler a Palavra de Deus é uma das formas de conhecê-Lo, de saber o Seu caráter e de perceber o Seu amor pela humanidade. Quanto à oração, Jesus deixou um exemplo para nós, em Mateus 6:9-13:

> Pai nosso, que estás nos céus, santificado seja o teu nome. Venha o teu Reino. Seja feita a tua vontade, tanto na terra como no céu. O pão nosso de cada dia dá-nos hoje. Perdoa-nos as nossas dívidas, assim como nós perdoamos aos nossos devedores. E não nos induzas à tentação, mas livra-nos do mal; porque teu é o Reino, e o poder, e a glória, para sempre. Amém!

Com a prece demonstrada por Jesus podemos aprender algumas lições. A primeira palavra nos mostra que temos um Pai Celestial. E apesar de, em algumas famílias, a figura paterna ter sido deturpada, a palavra Pai representa proteção, amor, cuidado, carinho e amparo. Assim, com a palavra "Pai", Jesus quis ensinar que o Criador nos ama, cuida de nós e supre as nossas necessidades a cada segundo. Para provar o argumento, veja o que Jesus fala após ensinar a oração:

> Portanto eu lhes digo: Não se preocupem com a sua própria vida, quanto ao que comer ou beber; nem com seu próprio corpo, quanto ao que vestir. Não é a vida mais importante que a comida, e o corpo mais importante que a roupa? Observem as aves do céu: não semeiam nem colhem nem armazenam em celeiros; contudo, o Pai celestial as alimenta. Não têm vocês muito mais valor do que elas? Quem de vocês, por mais que se preocupe, pode acrescentar uma hora que seja à sua vida? Por que vocês se preocupam com roupas? Vejam como crescem os lírios do campo. Eles não trabalham nem tecem. Contudo, eu lhes digo que nem Salomão, em todo o seu esplendor, vestiu-se como um deles.

Se Deus veste assim a erva do campo, que hoje existe e amanhã é lançada no fogo, não vestirá muito mais a vocês, homens de pequena fé? (Mateus 6:25-30, NVI)

Observe a profundidade dessa declaração! O criador de todo o universo prepara todos os recursos para que as aves se alimentem. Elas não precisam ficar ansiosas com o dia de amanhã ou estocar comida, basta que sigam vivendo cada dia para o que foram criadas. Jesus não está fazendo um convite ao ócio, à falta de trabalho ou a inexistência de planejamento de vida; está chamando a sua atenção para a certeza de que Deus, assim como para as aves do céu, está disposto a cuidar dos mínimos detalhes da sua vida, daquilo que você necessita.

Lembro-me de vários momentos em que questionei a Deus perguntando onde estaria o cuidado que ele prometeu dar aos Seus filhos. Eu chegava a ironizar dizendo que o "pão nosso de cada dia" podia ser certo, só não contaram que era um pão velho, duro e sem manteiga. Era apenas um meio de nos manter vivos, para sentir ainda mais a dor que nos afligia.

Imagino que a admissão desse momento de dúvida talvez choque algum leitor mais piedoso, mas há tempos aprendi que Deus é menos ofendido pela sinceridade de um pecador do que pela hipocrisia de um santo. Talvez o brado de Jesus, "Deus meu, por que me desamparaste?", também incomode algum advogado de Deus que se apressaria em dizer: "Pare de falar besteira, Jesus, Deus não abandona ninguém".

Sabe, descobri desde cedo em minha vida que a caminhada cristã não é uma estrada reta, bem asfaltada, com sinalização clara e com um posto de combustível a cada quilômetro. Ela é um caminho estreito, cheio de curvas, de altos e baixos, ladeiras a descer e morros a subir. Em muitos momentos nos sentiremos como o Sísifo da mitologia grega, condenados a empurrar uma enorme pedra por uma encosta íngreme, mas antes de chegar ao topo, ter de soltá-la, só para voltar lá embaixo e recomeçar o processo, tudo de novo.

A luta era tão grande que parecia uma tarefa impossível tirar algum bem daquela situação dolorida. Mas nada como o tempo para trazer, se não todas, pelo menos algumas respostas importantes. Hoje, olhando para algumas tragédias que enfrentei, três coisas ficam claras para mim. Primeiro: ainda que sequelado, eu venci a prova, estou aqui falando disso para você. Em segundo lugar: foram justamente as experiências que tive que me deram autoridade emocional e espiritual para oferecer uma palavra de conforto e esperança aos que enfrentam hoje o que sofri ontem.

E, por fim, olhando para o passado, nem sei como cheguei até aqui. Mas sei quem me trouxe e é isso que importa. Este eu conheço muito bem e é Dele que estou tentando falar para você. Pode parecer que não, mas será nos momentos de maior angústia que Deus vai pegar você no colo. Reconheço o seu direito de chorar e dizer que está doendo, você pode até questioná-Lo como eu questionei, só não solte jamais de Seus braços eternos. Ele é o único que pode nos salvar.

A oração do Pai Nosso, em sequência, nos ensina sobre a santidade do nome de Deus. Ele é o nosso amigo, quer relacionamento conosco, mas isso não significa que perdeu a Sua glória, que deixou a Sua divindade ou qualquer outra característica de sua natureza. O nome Dele não deve ser usado em vão (Êxodo 20:7), o nome Dele é santo. Devemos respeitar isso.

"Venha o teu reino" nos mostra que Deus é soberano, que tem preparado um reino eterno para os salvos em Cristo, mas também nos mostra a grandeza, e arrisco dizer humildade, de um Deus que em toda Sua imensidão espera o relacionamento de seres finitos e falhos. Pense um pouco comigo: com tudo o que Deus é, e com o que você já aprendeu com este livro, o Criador poderia ter abandonado a humanidade ao ver a nossa tendência para o pecado, mas Ele fez diferente, nos amou, entregou o Seu filho único para nos salvar, busca relacionamento diário conosco e ainda cuida de tudo o que necessitamos. Se isso não é exemplo de amor e humildade, não sei o que é!

Em sequência, o exemplo deixado de oração por Jesus nos instrui a verdadeiramente dependermos de Deus. E o que verdadeiramente é depender Dele? É entregar a direção, o volante, o banco do motorista para Ele e ir para o banco de trás. Para depender, você não pode querer sentar no banco ao lado do motorista para, quando quiser, retornar ao volante. Não é possível querer ser o guia ou o GPS do motorista também. Depender verdadeiramente de Deus é ser o passageiro que confia nas decisões do motorista, aceita o caminho que Ele decide tomar, pois sabe que Ele tem o melhor para você. É poder, inclusive, dormir tranquilamente no banco de trás, porque sabe que o motorista da sua vida lhe guiará para o que é melhor para você.

E isso é fácil? Óbvio que não! Somos controladores, queremos decidir sobre cada coisa que acontece, mesmo sem poder fazer algo, ficamos ansiosos ao pensar no futuro. Não é uma tarefa fácil renunciar o nosso eu para depender Dele, mas é algo que vale a pena. Quem tem mais condições para fazer uma cirurgia, eu ou o especialista? Quem pode melhor analisar a qualidade do ouro, eu ou o ourives? Quem tem mais capacidade para saber o que é melhor para mim, eu ou o Criador do universo, o dono da sabedoria e aquele que está em todos os lugares? A resposta é lógica, é claro que é Ele.

Pensemos um pouco mais. Você provavelmente já deve ter tido a experiência de contemplar uma fotografia panorâmica. Ao contrário da fotografia comum, a qual estamos habituados, a imagem panorâmica abrange o que está para além do que o fotógrafo vê à sua frente. O campo de visão é maior, o ambiente capturado abrange mais objetos e/ou pessoas, algo que os olhos humanos não conseguem fazer por si só. Para contemplar toda a imagem, é preciso que o fotógrafo se movimente e perca de vista partes do todo que deseja contemplar.

A nossa visão da vida é como a visão do fotógrafo, somente contemplamos o que está à nossa frente. Deus, por outro lado, vê o que não vemos, escuta o que não ouvimos e conhece o nosso futuro. Não existe alguém melhor do que Ele para nos guiar. Mesmo quando pela mente humana acreditamos estar perdidos, Ele tem o controle de tudo. Veja o que a Bíblia diz sobre isso: "Entrega o teu caminho ao Senhor; confia nele, e ele tudo fará" (Salmos 37:5); "Não estejais inquietos por coisa alguma; antes, as vossas petições sejam em tudo conhecidas diante de Deus, pela oração e súplicas, com ação de graças" (Filipenses 4:6); "Lancem sobre ele todas as suas ansiedades, porque ele cuida de vocês" (1 Pedro 5:7)[45].

A próxima lição diz respeito ao perdão. E a necessidade de perdoar foi expressa também em outras passagens bíblicas, como:

> Porque, se perdoardes aos homens as suas ofensas, também vosso Pai celestial vos perdoará a vós. Se, porém, não perdoardes aos homens as suas ofensas, também vosso Pai vos não perdoará as vossas ofensas.
> (Mateus 6:14-15)
>
> Revesti-vos, pois, como eleitos de Deus, santos e amados, de entranhas

---

45. ALMEIDA ATUALIZADA, Nova. **Bíblia online.** Disponível em: https://www.bibliaonline.com.br/naa/1pe/5. Acesso em: 14 fev. 2023.

de misericórdia, de benignidade, humildade, mansidão, longanimidade, suportando-vos uns aos outros e perdoando-vos uns aos outros, se algum tiver queixa contra outro; assim como Cristo vos perdoou, assim fazei vós também. (Colossenses 3:12-13)

Então, Pedro, aproximando-se dele, disse: Senhor, até quantas vezes pecará meu irmão contra mim, e eu lhe perdoarei? Até sete? Jesus lhe disse: Não te digo que até sete, mas até setenta vezes sete. (Mateus 18:21-22).

70 x 7 = 490. Acredito ser difícil que o seu irmão precise ser perdoado tantas vezes assim por dia, mas se for necessário... perdoe! Faz parte da graça de Deus, Ele nos concede o perdão, algo que não merecíamos, e também nos ensina a fazer o mesmo com o nosso próximo.

Por que 70 x 7? De acordo com a cultura judaica, uma pessoa devia perdoar o seu irmão até três vezes. Depois disso, não era mais obrigada. Pedro, entretanto, recebeu uma resposta diferente das três vezes. E por quê? O número sete, como é de conhecimento comum, representa a perfeição, e o setenta foi uma forma de Jesus dizer a Pedro que ele não devia perdoar de forma perfeita, mas perfeitíssima. É o exemplo de um superlativo, como se você quisesse se referir a uma pessoa como mais que inteligente, isto é, inteligentíssima. E como perdoar de forma perfeita? Reconhecendo que você também foi perdoado.

Para ilustrar os 70 x 7, Jesus contou a história de um homem que devia ao rei dez mil talentos e que, pedindo um prazo maior para o pagamento da dívida, acabou recebendo, por compaixão, o perdão desta (Mateus 18:23-35).

E quanto valiam dez mil talentos? Alguns estudiosos estimam como algo acima de trinta milhões de dólares. Muito dinheiro! Apesar de ter pedido um prazo maior para pagar a dívida, era quase impossível que aquele servo conseguisse pagar ao seu senhor algum dia. E por que será que Jesus exagerou tanto no valor? Porque ele queria demonstrar que, quando Adão e Eva pecaram contra a lei de Deus no jardim do Éden, adquiriram uma dívida inafiançável contra o céu. Assim, como herdamos a dívida, nunca poderíamos pagar, com os nossos próprios esforços, o preço originado com o pecado.

O servo da parábola havia sido perdoado, mas ainda assim sentia-se devedor, já que fazia de tudo para receber daqueles que lhe deviam. Algo semelhante acontece conosco, somente liberamos perdão quando entendemos que Deus não nos deu um prazo maior para que tentássemos pagar a dívida, mas sim nos perdoou perfeitamente dela. Se não sentimos o perdão de Deus em nossos corações, não conseguimos perdoar as pessoas. E para sentir que fomos perdoados, precisamos reconhecer que também erramos, e que Jesus pagou um alto preço por nós.

Uma frase atribuída a William Shakespeare diz que: "Guardar ressentimento é como tomar veneno e esperar que a outra pessoa morra"[46]. Assim, se você não libera o outro, não é possível

---

[46]. A frase é atribuída ao pensador e difundida em sites como: https://www.pensador.com/frase/NTYwNDM/.

que seja feliz, visto que sempre se lembrará dele e sentirá um gosto amargo na boca se não o soltar.

E qual é o primeiro passo para perdoar uma pessoa? Admitir que você a está odiando e que precisa perdoá-la. Quando você admite, abre a possibilidade de orar pela pessoa, amá-la e de renunciar o seu orgulho. Perdoar não é fácil, mas é possível pela graça de Deus.

A sequência da oração do Pai Nosso, que na versão citada diz "não nos induzas à tentação", mas que também é conhecida como "não nos deixeis cair em tentação", não recebeu uma tradução precisa em português. No original grego do Novo Testamento ela seria melhor traduzida como "não permita que eu vá para a tentação", isto é, não me deixe buscar a tentação.

Sim, não há qualquer problema em pedir a Ele que não nos deixe passar pela provação, já que somos conscientes de nossas fraquezas. Pedir, todavia, não é sinônimo de adesão do Pai à resposta desejada. É possível que Deus responda a sua oração isentando-lhe da tentação, que lhe faça "escapar" ao longo do caminho ou que lhe dê forças para suportá-la.

Para finalizar as lições sobre a oração, podemos confiar que Papai do Céu nos livra do mal, pois Ele conhece o nosso assentar e o nosso levantar, de longe entende os nossos pensamentos; cerca o nosso andar e o nosso deitar, conhece todos os nossos caminhos (Salmos 139:2-4). Mesmo que nossos pais nos desamparem, Ele estará conosco (Salmos 27:10). Não precisamos temer ou nos assombrar com nada, porque Ele é o nosso Deus e nos ajuda (Isaías 41:10).

E a oração é encerrada com a palavra "amém". Você provavelmente já a escutou, mas sabe qual o seu verdadeiro significado? Na língua hebraica bíblica não há espaço para aquilo que é abstrato, isto é, aquilo que não é palpável ou mensurável. Para o judeu, mesmo um sentimento como o respeito podia ser representado. Deste modo, não seria diferente com a palavra "amém".

Pelo hebraico bíblico, amém advém de fé, e a palavra que mais se aproxima de fé é *emunah*. E o que é *emunah*? Tal palavra pode ser entendida pela ideia de que uma pessoa está nadando no mar, tentando sobreviver, já que o seu navio naufragou, mas que começa a se cansar e a ter cãibras que lhe impedem de continuar; e quase perdendo a possibilidade de sobreviver, avista um tronco boiando e se agarra com força. Para eles, *emuanh* seria esse ato de agarrar com força. Assim, "amém" quer dizer "nisto eu me agarro, como se a minha vida dependesse deste ato".

Jesus nos deixou um exemplo de oração, mas isso não significa que ela deve ser a única. Pense comigo, alguém que quer ser íntimo de você não espera repetição de falas diárias. Muito provavelmente a pessoa gostará de saber o que aconteceu no seu dia, o que lhe deixou feliz e triste, do que você precisa... tudo isso de forma sincera. A mesma coisa acontece com a oração. Considere-a como uma conversa com o seu melhor amigo, com alguém que você realmente pode contar e que estará com você em todos os momentos. Esse pensamento é fundamental para que você entenda que não precisa usar palavras rebuscadas ou mecânicas com o Criador, que é possível falar com ele com simplicidade e sinceridade.

Para ter um relacionamento com Deus, além da leitura bíblica e da oração diárias, também há a possibilidade de jejuar. O jejum, por meio de uma simples explicação, é uma forma de renunciar a carne, que está em constante busca por saciar as suas vontades, inclusive por meio do alimento, e reconhecer que Deus é o senhor de sua vida. Jesus, que jejuou por quarenta dias e quarenta noites (Mateus 4:2), disse:

> E, quando jejuardes, não vos mostreis contristados como os hipócritas, porque desfiguram o rosto, para que aos homens pareça que jejuam. Em verdade vos digo que já receberam o seu galardão. Porém tu, quando jejuares, unge a cabeça e lava o rosto, para não pareceres aos homens que jejuas, mas sim a teu Pai, que está oculto; e teu Pai, que vê o que está oculto, te recompensará.
> (Mateus 6:16-18)

As palavras de Jesus demonstram que o jejum deve ser um compromisso estabelecido entre você e Deus, visto que é um ato de busca de comunhão com o criador, sem mais ninguém. Deve ser realizado com um bom humor, sem reclamações ou exposições egocêntricas para ser recebido pelo Pai.

A história de Ester, relatada na Bíblia, demonstra o jejum como busca de fortalecimento espiritual e de intimidade com o Criador. De acordo com a história, Ester era uma judia que vivia em Susã, cidade da Pérsia, com o seu primo Mardoqueu. Pode ser que você esteja se perguntando o que ela estava fazendo em uma cidade que não era a dela e com um primo, e eu responderei aos seus questionamentos. A menina era órfã e Mardoqueu a criou como filha depois que ela perdeu os seus pais; e ambos estavam na Pérsia porque o seu povo havia sido transportado para lá desde a época do cativeiro babilônico. Uma informação interessante a se acrescentar é que Ester era o nome Persa dela, porém o seu nome judeu era Hadassa.

Certo dia, enquanto Hadassa estava sendo criada por seu primo, o rei da Pérsia, também conhecido como Assuero, a fim de mostrar a glória e as riquezas do seu reino, resolveu promover uma festa. A festa do rei contava com a presença de príncipes e pessoas tidas como importantes, bem como de súditos de Susã. O pátio do palácio real, local em que a festa estava acontecendo, tinha sido ornamentado com as melhores tapeçarias, pendentes de linho fino e estava adornado com diversos objetos de ouro e prata.

No sétimo dia da festa, tendo o rei se embebedado com vinho, quis mostrar uma das maiores riquezas do reino para todos os que ali estavam, a rainha Vasti, porque era uma mulher muito bonita. A rainha, entretanto, não ficou feliz com a ideia e se recusou a ir à presença do rei. O rei, obviamente, não ficou feliz com aquilo e pediu conselho aos sábios acerca do que deveria fazer a partir do não cumprimento de sua ordem, e a resposta obtida foi que seria melhor que ela fosse destronada e substituída, para que não servisse de exemplo para as outras mulheres que quisessem descumprir as ordens de seus maridos. Um parêntese importante é que a história relatada aconteceu em uma época em que as mulheres não tinham os mesmos direitos que os atuais.

A rainha foi destronada, mas o reino precisava de uma rainha, então foi ordenado que fossem juntadas as moças mais formosas que existiam na fortaleza de Susã, para que o rei escolhesse a nova rainha. E Ester foi uma das escolhidas para ser preparada para chegar à presença do rei. Porém, antes de ser levada, Mardoqueu orientou a menina que não revelasse a sua origem. Depois do período de preparação, que durou doze meses, as jovens passaram a ser apresentadas ao rei; e quando Ester foi apresentada, ele a amou mais do que as outras e lhe fez rainha no lugar de Vasti.

Havia, porém, no reino de Assuero um príncipe chamado Hamã que era inimigo do povo judeu e que planejava destruí-lo. Este, com persuasão, conseguiu que o rei lhe entregasse o seu anel para que escrevesse um decreto que no dia treze do mês de adar todos os judeus que habitavam na Pérsia fossem destruídos. E o decreto foi espalhado, chegando, inclusive, nas mãos de Mardoqueu, o primo de Ester.

Mardoqueu, em um ato de insatisfação, rasgou as suas vestes e se vestiu com pano de saco. Ester, ouvindo sobre o comportamento do primo, preocupou-se e pediu para um de seus servos descobrir o que estava acontecendo. Assim, Mardoqueu contou sobre o decreto e pediu para que a prima intercedesse ao rei pelo seu povo.

Ester, de acordo com as leis persas, não podia simplesmente chegar à presença do rei, precisava ser chamada por ele. Quem se atrevesse a comparecer a presença do rei sem ser convidado era morto, caso este não estendesse o cetro de ouro para ele, ato que representava a aquiescência do rei com a chegada da pessoa.

E é nessa parte da história que pode ser observada a relevância do jejum. Sabendo que precisava fazer algo pelo seu povo, Ester pediu que todos os judeus jejuassem por três dias, isto é, que não comessem nem bebessem qualquer coisa, a fim de que ela tivesse forças para comparecer perante o rei sem ser chamada, bem como para que recebesse o livramento de Deus.

E assim aconteceu: os judeus se juntaram em jejum, Ester compareceu à presença do rei, e ele lhe estendeu o cetro de ouro. Para não alongar mais a história, o resultado foi que a rainha revelou a sua origem e conseguiu a possibilidade de que o seu povo se defendesse no dia treze de adar, e os judeus venceram os seus inimigos. O jejum foi fundamental para que o povo de Deus fosse liberto, e ele continua eficaz em nossos dias[47].

Depois de refletir sobre as formas de estabelecer uma comunhão com Deus, é preciso pensar sobre o papel da igreja para o fortalecimento e a manutenção desse relacionamento. Conheço o movimento "Jesus sim, Igreja não!", inclusive escrevi sobre ele no meu livro *O ceticismo da fé*, obra que recomendo fortemente aos que questionam a fé ou que querem se aprofundar em argumentos que a fundamentam; entretanto, afirmo que a igreja é necessária em razão da própria busca humana por uma vida em coletividade.

Com exceção de alguns eremitas, nenhum ser humano pretende viver a sua vida em total solidão. Pense nas redes sociais, por exemplo, quais os motivos para você se conectar com amigos virtuais e postar fotos e vídeos? Para se relacionar com as pessoas, ser visto, ver os outros, conhecer novos lugares por meio das experiências dos outros,

---

47. Todas as informações descritas podem ser encontradas no livro de Ester presente na Bíblia Sagrada.

analisar se você também quer viver tais experiências ou não, para se sentir inserido em algo maior.

Uma excelente comprovação de nossa necessidade pelo coletivo pode ser vista na atuação de Tom Hanks no filme *Náufrago*. Chuck Noland, um inspetor federal, em uma de suas viagens a trabalho, sofre um acidente e é obrigado a viver em uma ilha deserta por quatro anos. A sua necessidade por outro ser era tamanha que, com o auxílio de uma bola de vôlei, o personagem criou o seu amigo Wilson. Para Chuck, Wilson deixou de ser um objeto e passou a ser um companheiro com rosto que o ajudou a não sucumbir à solidão.

Seja racional e reflita comigo: você preferiria estar em uma geleira acompanhado de alguém que discorda de você, que em alguns momentos pode lhe machucar, e que você conhece como "o chato", ou se encontrar totalmente sozinho? Sem dúvidas eu preferiria estar acompanhado. A necessidade de sobrevivência, inclusive, faria com que eu tentasse entender o posicionamento da outra pessoa, bem como analisar se, na verdade, não estava sendo eu o intolerante ou "chato".

Como disse Aristóteles, somos seres políticos por natureza; precisamos encontrar um grupo ao qual pertencemos. E ao reconhecer que Cristo morreu pela sua salvação, considerar-se filho de Deus e buscar ter um relacionamento com o Criador, é natural que você queira conhecer e conviver com os seus irmãos em Cristo.

É esperado que um pai presente conheça as necessidades do filho, e o nosso Pai Celestial está conosco em todos os momentos, motivo pelo qual sabe que precisamos em conjunto experimentar as sensações da vida. Então, posso dizer que é desejo de Deus que nos reunamos para compartilhar as experiências diárias que temos com Ele, os Seus ensinamentos deixados nas escrituras sagradas, o Seu amor pela humanidade e a esperança da vida eterna.

A igreja obviamente é formada por humanos, e humanos são falhos. Eu, pelo menos, sou imperfeito, acredito que você também é. Assim, é normal que no ambiente da igreja em algum momento algo lhe contrarie e que você provoque insatisfação em alguém. Somos humanos, falamos o que não devemos, agimos de forma cruel, afastamos as pessoas quando, na verdade, precisamos de um abraço apertado.

As escrituras sagradas têm algumas passagens que nos incentivam a fazer parte de uma igreja, sendo algumas delas:

> Oh! Quão bom e quão suave é que os irmãos vivam em união! (Salmos 133:1).

> Porque assim como em um corpo temos muitos membros, e nem todos os membros têm a mesma operação, assim nós, que somos muitos, somos um só corpo em Cristo, mas individualmente somos membros uns dos outros. (Romanos 12:4-5)

> Mas vós sois a geração eleita, o sacerdócio real, a nação santa, o povo adquirido, para que anuncieis as virtudes daquele que vos chamou

das trevas para a sua maravilhosa luz; vós que, em outro tempo, não éreis povo, mas, agora, sois povo de Deus; que não tínheis alcançado misericórdia, mas, agora, alcançastes misericórdia. (1 Pe 2:9-10)

E, chegando-se Jesus, falou-lhes, dizendo: É-me dado todo o poder no céu e na terra. Portanto, ide, ensinai todas as nações, batizando-as em nome do Pai, do Filho, e do Espírito Santo; ensinando-as a guardar todas as coisas que eu vos tenho mandado; e eis que eu estou convosco todos os dias, até a consumação dos séculos. Amém. (Mateus 28:18-20)

E consideremo-nos uns aos outros, para nos estimularmos ao amor e às boas obras, não deixando a nossa congregação, como é costume de alguns; antes, admoestando-nos uns aos outros; e tanto mais quanto vedes que se vai aproximando aquele Dia. (Hebreus 10:24-25)

Então, não se prive de se unir com pessoas que também amam a Cristo pelo medo de se desapontar. Se há algo que eu posso afirmar é que isso vai acontecer em algum momento, e é por isso que Jesus nos ensinou sobre o perdão. Não queira viver sozinho a sua fé, escolha uma igreja para expressar o seu ato de crer e compartilhe com outras pessoas a alegria da salvação e a esperança da vida eterna. Afinal, é gratificante compartilhar o que é bom.

POR QUE EU EXISTO?

"Ok, entendi quem é Deus, quem é Jesus, quem é o Espírito Santo, que sou filho de Deus, que só o Criador preenche o vazio que há em mim, mas por que eu existo? Qual o sentido da minha existência?" Tais perguntas não têm uma resposta pronta, acabada e singular. Pode ser um incômodo, mas a questão é que elas dependem mais de você do que de mim para serem respondidas.

Para saber qual o sentido da sua vida, é preciso que você se permita refletir, pensar com calma, buscar o autoconhecimento, entender as suas habilidades e os seus potenciais, sem querer fugir da realidade; que tenha a ciência de que, caso seja necessário, a busca será reiniciada mais de uma vez.

Posso afirmar, entretanto, que o universo não surgiu do nada, sendo fruto da intenção do Criador, e que o pensamento de igual modo se aplica a você e a mim. Deus não nos criou para apenas passarmos por esta Terra, Ele tem um propósito para cada um de nós. Mas isso não significa um determinismo. Não somos peças inanimadas num tabuleiro de xadrez. Temos vontades e o livre-arbítrio para decidir.

Embora Deus seja soberano e deseje que "ninguém pereça, mas que todos cheguem ao arrependimento" (I Timóteo 2:4), o desejo de Deus pode ser frustrado. Talvez você questione: Como assim? Se o desejo Dele pode não ser atendido, em que sentido Ele é soberano?

O problema é que muitos confundem a soberania de Deus com uma forma de ditadura divina. É claro que Deus poderia obrigar todos a fazerem exatamente aquilo que deseja. Ele tem poder para isso. Porém, se o fizesse, Ele não seria um Pai de amor. Quem ama não obriga o outro a correspondê-lo, e se o fizesse, o sentimento não seria verdadeiro. Deus nos ama tanto que, mesmo sendo inatingível, Ele assume por nossa causa um ponto vulnerável, que é o de poder ser rejeitado.

A única coisa que Deus, de certa forma, decidiu por nós foi nos criar sem qualquer consulta prévia. Ele simplesmente nos desejou antes que existíssemos e assim nos fez. Em Jeremias 1:5, Deus fala ao profeta que antes que fosse formado no ventre de sua mãe ele já era conhecido pelo Criador. Em Salmos 139, o salmista também se maravilha com o conhecimento de Deus sobre a sua existência desde o ventre de sua mãe.

E o que tudo isso quer dizer? Dando características humanas a Deus para o seu entendimento, é como se você e eu, todos os que existem, tivéssemos sido criados primeiramente na mente de Deus. Antes da corrida frenética dos espermatozoides no útero em busca do óvulo para ser fecundado, antes da multiplicação das células após a fecundação, antes que os seus órgãos começassem a ser formados, antes que a sua mãe soubesse de sua existência ou que sentisse os seus primeiros movimentos, Ele já o conhecia.

"O Deus que te criou sem ti, não te salvará sem ti" (Santo Agostinho). Deus não precisaria de nós, pois Ele em si mesmo se basta. Nosso Deus é absoluto e, portanto, livre de dependências ou condicionamentos. Podemos afirmar, portanto, que a criação da vida humana é uma graça imerecida que recebemos da parte de Deus, que nos quis e nos quer para Si. Não fizemos nada para merecer isso.

Além de nos criar, Cristo ainda nos salvou da morte eterna, esta sim merecida por causa de nossos pecados. Mais uma vez, Seu sacrifício foi um ato de graça que não merecíamos. Entretanto, a atualização desse grande mistério de criação e salvação em nossa vida particular, pois cada um tem de decidir por si mesmo, depende de nossa adesão, nossa fé, nossa caminhada em santidade. É esse o sentido da frase de Santo Agostinho: somente pela graça, mediante a fé tomaremos posse da salvação garantida por Cristo. É preciso assumir na vida a redenção que ele concede por meio de um constante ato de própria vontade.

O último versículo do livro de Salmos recomenda que tudo o que tem fôlego louve ao Senhor

(Salmos 150:6). E o que aprendemos com isso? Aprendemos que, independentemente das habilidades que temos, por reconhecer que somos criados por Deus, que Jesus se sacrificou por nós para o perdão de nossos pecados, e que a nossa vida representa um livro que conta a história de como alguém é transformado por Cristo, tudo o que fizermos deve apontar para o criador.

Assim, se você entendeu que o seu motivo para estar na Terra é ensinar, ensine com dedicação; se o seu motivo é cantar, aperfeiçoe-se e cante da melhor forma possível; se o seu motivo é ser um biomédico, dedique-se a encontrar possíveis curas para doenças ou o motivo de elas serem desencadeadas; se é ser o porteiro de um prédio, sorria, abrace e recepcione as pessoas, dê o seu melhor!

"Por que eu devo me dedicar?" Porque você sabe que é filho de Deus; que só permanece órfão espiritualmente se assim desejar; que em sua alma há um vazio que não pode ser preenchido por pessoas, drogas, fama, festas ou qualquer outra atividade que representa alegria para o mundo; porque tem a certeza de que Deus quer ser seu amigo íntimo, capaz de ouvir tudo o que você deseja compartilhar, está pronto a suprir as suas necessidades e deseja viver uma vida eterna com você.

Se ainda não tem todas essas certezas, ore comigo:

Deus, muito obrigado por ter me criado e por saber de minha existência antes mesmo que eu existisse. Muito obrigado por ter entregado o Seu único filho para que eu pudesse ter a oportunidade de viver a vida eterna. Sei que sou falho, que nem sempre faço o bem, mas me ensine a ser mais como Jesus, a trilhar os caminhos que Ele trilharia se estivesse em meu lugar.

Ajude-me a amar o meu próximo, a ser perdoador e a ser um livro que demonstre o Seu amor e propósito para a humanidade. Quanto ao motivo de minha existência, mostre-me a cada dia o que o Senhor deseja que eu viva, pois sei que o Senhor vê o que não vejo, sabe o que não sei, entende o que eu não entendo, e que tem o melhor para mim.

Dê-me confiança para depender somente de Ti, a deixar a direção de minha vida em Suas mãos. Sei que lançar sobre ti todas as minhas ansiedades não é uma tarefa fácil, pois naturalmente quero ter o controle de tudo; mas afirmo que esta é uma decisão que quero a cada instante tomar; quero acreditar verdadeiramente que o Senhor tem o melhor para a minha vida mesmo quando eu não puder enxergar o que está a um metro de mim; quero ter a certeza de que o Senhor está cuidando mesmo quando só vejo o nevoeiro.

Dê-me forças para buscar um relacionamento contigo continuamente por meio da leitura bíblica, do jejum e da oração. Independentemente do pai que tive na terra, ajude-me a ressignificar a palavra "pai", a fim de poder entender o que ela significa de acordo com o Seu exemplo, e para realmente me sentir como Seu filho. Por fim, por favor, dê-me a certeza da vida eterna. Amém.

grupo novo século

Compartilhando propósitos e conectando pessoas
Visite nosso site e fique por dentro dos nossos lançamentos:
www.gruponovoseculo.com.br

Ágape

(f) Editora Ágape
(@) @agape_editora
(y) @editoraagape
(▶) editoraagape

Edição: 1ª
Fonte: Arnhem

gruponovoseculo.com.br